David Steindl-Rast

Mit Sharon Lebell

MUSIK DER STILLE

David Steindl-Rast

Mit Sharon Lebell

MUSIK DER STILLE

Die Gregorianischen Gesänge
und der Rhythmus des Lebens

Überarbeitete Neuausgabe

Mit einem Vorwort
von Anselm Grün

sprachlichter

Von David Steindl-Rast unter Mitwirkung von Rosemarie Primault völlig neu bearbeitete Ausgabe der zuerst 1995 in der Droemerschen Verlagsanstalt in der Übersetzung von Franchita Cattani unter dem Titel »Die Musik der Stille. Mit Gregorianischen Gesängen zu sich selbst finden« erschienenen Ausgabe.

www.sprachlichter.de

4. Auflage

Umschlaggestaltung: Antonia Henschel,
Sign Kommunikation, Frankfurt/M.
Satz: Sascha Ehrich
Printed in EU

ISBN: 978-3-948824-22-8

INHALT

VORWORT

DER HEILIGE BENEDIKT hat den Tag für seine Mönche so geordnet, dass sie siebenmal am Tag das Lob Gottes singen und in den nächtlichen Vigilien das Wort Gottes meditieren. Die frühen Mönche hatten noch ein Gespür für die Heiligkeit der Zeit. Jede Stunde sollte durch ein Gebet geheiligt werden. Heilig ist das, was der Welt entzogen wird, worüber die Welt keine Macht hat. Durch die Heiligung der Zeit im Stundengebet wird deutlich, dass nicht wir es sind, die über die Zeit verfügen, dass die Zeit vielmehr Gott gehört und dass sie uns geschenkt ist. Jeder Augenblick ist, so verstanden, eine angenehme Zeit, eine Zeit der Gnade.

Jede Stunde hat ihre eigene Qualität. Das wird im Charakter der einzelnen Gebetszeiten deutlich, vor allem in den Hymnen. Der Benediktiner David Steindl-Rast beschreibt die Gnade, die jede Stunde für uns bereithält. Und er verbindet das Geheimnis der Stunden mit der Musik des Gregorianischen Chorals. Der Gregorianische Choral kennt acht verschiedene Töne. In diesen acht Tönen singt er die Psalmen. Wie jede Stunde ihre eigene Qualität hat, so auch jeder Choralton. Jeder Ton eröffnet einen Klangraum, in dem Gott anders erklingt. Jeder Ton eröffnet im Herzen des Singenden einen eigenen Geschmack. Und jeder Ton öffnet auch im Herzen der Sänger Räume, damit alle Bereiche der menschlichen Seele von Gottes Heil durchdrungen werden. Der ganze Mensch soll durch das Singen des Chorals geheilt werden.

Heil und Heiligung – das ist die tiefste Absicht der Tagesstunden, die uns an die Heilsereignisse erinnern, in denen Jesus an den Menschen das Heil gewirkt hat, in seinem Tod und seiner Auferstehung, in der Geistsendung, in seiner Heilung der Kranken, in der Gefangennahme und Verurteilung. Jede Stunde erinnert uns an das Heil, das damals geschehen ist. In der Feier der Stunde und im Singen der Gregorianischen Gesänge wird dieses Heil heute unter uns erfahrbar. Es kommt heute bei uns an.

Ein französischer Kirchenmusiker meinte einmal, Choral zu singen ist die Kunst, das Schweigen hörbar zu machen. Wir können dieses Wort ergänzen: Gregorianische Gesänge wollen so gesungen werden, dass das Wort Gottes heute an uns heilend zu wirken vermag, dass unsere Wunden durch das heilige Wort Gottes geheilt werden.

Diese tiefe Weisheit des Gregorianischen Chorals und die Weisheit des klösterlichen Stundengebetes hat Bruder David Steindl-Rast für uns heutige Menschen beschrieben. Er hat sie so ausgelegt, dass wir neugierig werden auf den Engel der Zeit, der uns in jeder Stunde besucht und mit uns Gottes Heil besingt. Die Mönche sollen, wie es in der Regel des heiligen

Benedikt heißt, beim Psalmensingen immer das Psalmwort bedenken:

»Vor dem Angesicht der Engel will ich dir Psalmen singen« (RB 19,5; Ps 138,1). Sie sollen im Chorgebet einstimmen in den ewigen Lobgesang der Engel, die Tag und Nacht Gott schauen.

Die Engel sind für die Mönche Bilder für die Kontemplation. Sie schauen Tag und Nacht Gottes Antlitz. Bruder David lädt uns mit dem Engel der Zeit dazu ein, Gott in jeder Stunde unseres Tages zu schauen als die Liebe, die unsere Zeit erfüllt, damit sie für uns eine heilige und heilende Zeit wird.

Anselm Grün OSB

WER ERKANNT HAT, dass Sonne und Sterne und Seelen nicht in einem Vakuum schweben, hält sein Herz für die Stunde bereit, in der die Welt verzaubert wird. Denn die Dinge sind nicht stumm:

Die Stille ist voller Forderungen und wartet auf eine Seele, die das Geheimnis einatmet, welches alle Dinge in ihrer Sehnsucht nach Kommunion ausatmen.

Aus der Welt steigt das Geheiß auf, die Luft mit einem verzückten Lied für Gott zu tränken ...

Die Syntax des Schweigens:

UNSER GEWAHRSEIN GOTTES ist eine Syntax des Schweigens, in der unsere Seelen sich mit dem Göttlichen vereinigen, in der das Unaussprechliche in uns mit dem Unaussprechlichen jenseits von uns kommuniziert.

Es ist der Nachglanz von Jahren gemeinsamen Schweigens der Seele und des Himmels. Die Frucht einer angesammelten Gewissheit der überreichlichen, nie versiegenden Gegenwart des Göttlichen.

Wir sollten einfach die Einsicht sein lassen und auf die Gewissheit in den Winkeln der Seele hören, dass sie ein Einschub im unermesslichen Manuskript der ewigen Rede Gottes ist.

Abraham Joshua Heschel

EINFÜHRUNG

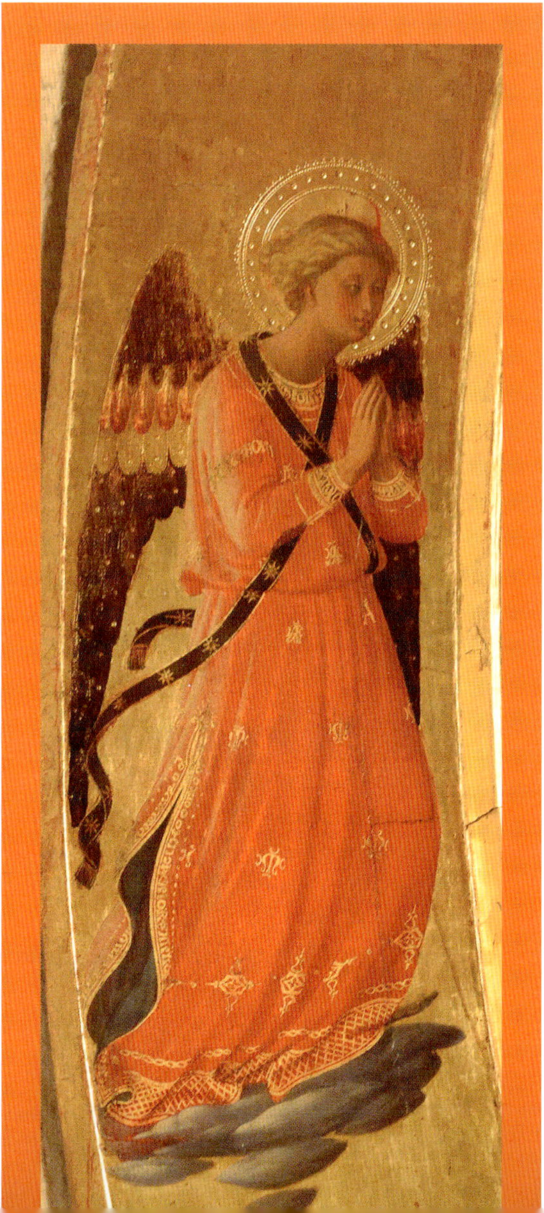

»MAN WEISS NICHT GENAU, WO ENGEL WOHNEN«, stellte Voltaire zynisch fest. Da es keine genaue Adresse für sie gibt, zweifelte er überhaupt an ihrer Existenz. Unsere Zeit hat ein aufgeklärteres Verständnis von Engeln, das wir allerdings auf Umwegen nicht zuletzt wieder Voltaire und der Aufklärung verdanken. Dankbar befreit vom Wörtlich-nehmen mythischer Bildersprache, fragen wir heute nicht mehr nach dem genauen Ausmaß der Flügelspanne von Engeln, oder danach, wie viele von ihnen auf einer Nadelspitze Platz hätten. Für uns ist ihr Name das Entscheidende, und der bedeutet »Bote«.

Als Boten verstanden, sind Engel so wirklich wie eh und je, und es ist gar nicht nötig zu wissen, wo sie wohnen. Worauf es ankommt, ist, dass sie auftauchen, wann und wo wir sie am wenigsten erwarten. Was auch immer zum tiefsten Herzen eines Menschen spricht, ist Engelsbotschaft. In der gütigen Hand, die ihnen übers Haar streicht, können Kinder die Berührung eines Engels spüren. Aug' in Auge mit einem Tier können wir dem Blick eines Engels begegnen. Ja, manchmal springen Engel sogar aus dem Gebüsch hervor als Kinder, die uns lachend erschrecken wollen, und uns dann umso fester umarmen. Das Einzige, was wir von Engeln mit Sicherheit aussagen können, ist, dass sie völlig unberechenbar sind – wie alles wirklich Lebendige.

Die Engel, deren Botschaft aus diesen Seiten

spricht, haben viele Freunde gewonnen, seit dieses Buch zum ersten Mal erschienen ist – so viele, dass es nochmals neu herausgegeben werden kann, was mich sehr freut. Dafür bin ich Thorsten Scheu vom Sprachlichter Verlag und Klaudia Menzi-Steinberger von der Online-Bibliothek David Steindl-Rast herzlich dankbar. Auch danke ich Pater Anselm Grün für sein Vorwort – er ist mit der Gregorianischen Musik ebenso vertraut wie mit den Engeln. Dass er sich dieses Buches angenommen hat, ist für das Buch von Bedeutung und hat mich sehr gefreut. Ganz besonderer Dank gebührt Frau Rosemarie Primault. Sie hat in der Ausgabe von 2008 – an die sich diese Neuauflage anlehnt – die sprachliche Neubearbeitung und sachliche Überarbeitung tatkräftig an die Hand genommen.

Es freut mich auch immer wieder, wenn Menschen mir dafür danken, dass sie beim Lesen dieses Buches Engeln begegnet sind, von denen sie keine Ahnung hatten. So schreiben sie mir, dass Stunden des Tages und manchmal der Nacht jetzt für sie zu Engeln wurden, jeder mit einer unverwechselbaren Botschaft. Sie berichten mir auch, wie begeistert sie lernen, ihr Gehör zu schärfen für die Engelstimmen, die zu jeder Stunde die frohe Botschaft verkünden – immer neu, immer anders. Ja, manchmal hören sie jetzt sogar die Musik von Engelchören – Musik der Stille – wo vorher nur Uhren tickten.

So ist eine Freundschaft entstanden zwischen meinem Leserkreis und mir durch unsere gemeinsamen Freunde, den Engeln. Es ist ein gutes Gefühl, in solcher Gemeinschaft auf dem Weg zu sein. Gemeinsam mit so vielen, denen ich nie begegnet bin, darf ich mich nun jeden Morgen auf die Engel freuen, die den ganzen Tag lang Stunde um Stunde gute Botschaften bringen werden – gut, selbst wenn sie viel von mir verlangen; gut, weil auch Schwierigkeiten mich stärken, wenn ich mich ihnen stelle; gut, weil ich weiß, dass ich nicht allein bin. Alles ist leichter gemeinsam zu ertragen.

Wenn ich in den Nachtstunden vor der Dämmerung die nur dem Herzen vernehmliche Musik der Stille höre, dann weiß ich, dass ich nicht allein bin. Wenn ich bei Sonnenaufgang Ausschau halte nach den noch verborgenen Gaben des kommenden Tages, dann darf ich sicher sein, dass zur gleichen Zeit andere da draußen mit mir zusammen ihre Herzen in Hoffnung und Vertrauen öffnen. Gemeinsam machen wir uns an die Arbeit, wenn der Engel mit einem Trommelwirbel den neuen Werktag einleitet. Wenn zur dritten Morgenstunde der Engel mit der Geige zum Tanz aufspielt, dann machen wir uns bereit, den Reigen des Heiligen Geistes gemeinsam zu tanzen. Der Trompetenstoß am Mittag lässt nicht nur mein eigenes Herz erschauern; ich weiß, dass andere aufgerüttelt werden von dem gleichen Ton. Gemeinsam werden unsere Herzen still beim gedämpften Klang des Tamburins, wenn die Schatten länger werden und der Tag sich neigt. Wir bleiben auch innerlich verbunden, wenn wir zum Vesperengel des Abendsterns aufblicken und schließlich auf den Wink des letzten Engels hin die Augen schließen, so dass unter den schweren Lidern Träume aufblühen können.

All diese Begegnungen mit Engeln finden nicht in weltfremder Abgeschlossenheit statt, sondern im ganz normalen Alltag. Das ist das Beste daran. Wir müssen keineswegs herauswaten aus dem Fluss unseres täglichen Lebens. Seine Stromschnellen und Wirbel können uns nicht niederreißen, solange wir mit festem Blick auf den Grund schauen. Das will geübt sein, aber es lässt sich erlernen. Wir können es mitten im Stauverkehr üben, oder beim Zahnarzt. Beim Warten in irgendeiner Schlange können wir ein paar Augenblicke lang unseren Blick in die stille Tiefe einstellen. Selbst vor dem Bildschirm am Computer kann das gelingen.

Schon ein kurzer Blick auf die Engel der heiligen Stunden kann unser Inneres stillen und klären. Aber wir wollen uns vielleicht tiefer in diese leuchtenden Gestalten versenken, während wir die lateinische Hymne der Hore hören, für die es gerade Zeit ist – Choralgesang, Engelsmusik.

Auch wenn wir nicht genau wissen, wo Engel sonst noch wohnen, so sind sie heute – wie hätte Voltaire das vorausahnen können? – sogar im Internet zu Hause.

Mögen alle, denen dieses Buch in die Hände fällt, Engeln – mit oder ohne Hilfe des Internets – überall und zu jeder Stunde begegnen. Das ist der innigste Wunsch, den ich dieser Neuauflage von MUSIK DER STILLE mitgebe.

David Steindl-Rast OSB

ZUM GREGORIANISCHEN GESANG

Die Gregorianischen Gesänge sind eine umfangreiche Sammlung von etwa 3000 Musikstücken. Jeder Gesang, sei es ein Psalm, eine Hymne oder ein Gebet, besteht aus einer einzelnen Melodie, die auf dreierlei Weise gesungen werden kann: von einem Solisten, dem Chor oder im Wechselgesang von einem Vorsänger und dem ihm antwortenden Chor. Diese im freien Rhythmus gesungene Musik wird nicht von Instrumenten begleitet. Die Musik folgt dem Fluss der Worte.

Der Gregorianische Gesang ist über viele Jahrhunderte hinweg entstanden; man nimmt allgemein an, dass er auf jüdische Gesänge zurückgeht, da seine frühesten Formen sich nach Palästina und Syrien zurückverfolgen lassen. Papst Gregor I., von 590 bis 604 Oberhaupt der römisch-katholischen Kirche, verfügte, diese heilige Musik zu sammeln und zu erhalten.

Die ältesten Manuskripte mit Gesangsmelodien gehen auf das 10. Jahrhundert zurück und sind mit besonderen Zeichen, den sogenannten Neumen, notiert. Die Neumen zeigten an, ob die Tonhöhe einer Melodie stieg oder sank und auch, wie ein bestimmter Gesang vorgetragen werden sollte. Im frühen Mittelalter nahm der Gregorianische Gesang, der seine Blütezeit im Heiligen Römischen Reich erlebte, die heute als traditionell geltende Form an (obwohl auch später noch einige musikalische Neuerungen dazukamen). Im 19. Jahrhundert – inmitten heftiger Kontroversen darüber, was der Gregorianische Gesang nun eigentlich sei – begannen Benediktinermönche im französischen Kloster Solesmes die Gesänge in einem Jahrhundertwerk wieder in ihre traditionelle Form zu bringen. Sie sammelten in ganz Europa verstreute Originalmanuskripte, anhand derer sie die richtige Wiedergabe Hunderter von Gesängen herausarbeiteten.

Der Gottesdienst des Lobpreises und der Anbetung (Officium oder Opus Dei) findet täglich zu bestimmten Zeiten statt, die dem Rhythmus des Tages entsprechen. Sie werden von Mönchen auf der ganzen Welt gesungen. Die kanonischen Stundengebete – Vigil (Matutin), Laudes, Prim, Terz, Sext, Non, Vesper und Komplet – werden in die drei Choralgottesdienste Vigil, Laudes und Vesper und die »kleinen Stunden« Terz, Sext, Non und Komplet unterteilt. In einigen Klöstern werden bestimmte Stundengebete, etwa die Vesper und Komplet, in einem einzigen Gottesdienst zusammengefasst, die Prim wird oft ganz weggelassen.

DIE TAGZEITEN

Die stille Ekstase der Gregorianischen Gesänge spricht Menschen aller Glaubensrichtungen an. Was übt diese zeitlose Faszination aus? Die Gesänge sprechen auch heute unser Herz an: Sie rufen uns auf, in das Jetzt einzutreten, innezuhalten, zuzuhören und auf die Botschaft des jetzigen Augenblicks zu achten. Sie sprechen den Mönch in jedem von uns an und ebenso unsere Seele, die sich nach Frieden sehnt und nach der Verbindung mit jener letztendlichen Quelle von Sinn und Wert.

Mit Informationen übersättigt, oft jedoch jeglichen Sinnes beraubt, haben wir das Gefühl, in einem endlosen Strudel von Pflichten und Anforderungen gefangen zu sein, gefordert von Dingen, die wir erledigen und in Ordnung bringen müssen. Auch wenn wir uns bange von einer Aktivität in die nächste stürzen, spüren wir dennoch, dass es im Leben mehr geben muss als unsere geschäftlichen Termine. Unbehagen und hektisches Herumjagen sind das Ergebnis unserer verkehrten Zeitempfindung – einer Zeit, die stets abzulaufen scheint.

Die westliche Kultur verstärkt diese irrtümliche Auffassung von Zeit als beschränktem Gut: ständig arbeiten wir auf Termine hin, ständig fehlt uns die Zeit, ständig ist die Zeit abgelaufen.

Die Gesänge hingegen rufen ein anderes Verhältnis zur Zeit wach, in dem Zeit wohl wertvoll, aber nicht knapp ist. Sie beschwören die Urform des klösterlichen Lebens herauf, in welcher die Zeit harmonisch dahinfließt. Die verfügbare Zeit entspricht der vorliegenden Aufgabe. Es ist immer genügend Zeit da für alles, was getan werden muss. Die reinen, klaren und erhabenen Töne der Gesänge erinnern uns daran, dass es sehr wohl eine andere Art und Weise gibt, in dieser lauten, zerstreuten Welt zu leben, und dass diese nicht so unerreichbar ist, wie es scheint.

Wenn wir uns den Gregorianischen Gesang anhören, werden wir nicht nur der ineinander verwobenen Stimmen der Mönche gewahr, sondern auch eines beinahe unhörbaren Echos, einer zusätzlichen Tiefendimension dieser Musik. Und es ist diese heilige, transzendente Qualität der in einer hohen Kapelle gesungenen melodischen Linien, welche viele am Gregorianischen Gesang so sehr berührt. Gerade diese Tiefendimension gleicht der Jetzt-Dimension der Zeit. Denn »jetzt« findet nicht innerhalb der chronologischen Zeit statt, sondern transzendiert sie. Hier kann Zeit nicht als etwas, das knapp wird, begriffen werden, sondern als etwas, das wie Wasser aus einer Quelle steigt und zu jener Fülle der Zeit anschwillt, die jetzt ist. Genau in die Mitte dieses Lebens im Jetzt holen uns die Gesänge zurück.

Der Gregorianische Gesang regt uns durch seine

Harmonie, Ganzheit und Gesundheit dazu an, aus den Vorgegebenheiten und Spannungen des Arbeitstages auszutreten, unser eingefahrenes Selbst loszulassen und uns in unserem wahren Selbst einzufinden. Der Gesang ist eine Einladung an unsere Seele, den Zynismus hinter uns zu lassen, das innere Geschwätz abzustellen und hinzuhorchen.

DAS MÖNCHISCHE VERSTÄNDNIS des Wortes *Stunde* geht auf das griechische Wort *hora* zurück, das älter ist als unsere Vorstellung eines in 24 Abschnitte aufgeteilten Tages. Der ursprüngliche Begriff der Stunde ist etwas ganz anderes als eine Zeiteinheit, die aus 60 Minuten besteht. Es handelt sich überhaupt nicht um ein numerisches Maß, sondern um etwas, das nur mit dem Maß der Seele gemessen werden kann.

Wir kommen dem Verständnis dieser ursprünglichen Bedeutung näher, wenn wir uns auf die Jahreszeiten besinnen. Im eigentlichen Sinne meint eine Jahreszeit nämlich eine Stimmung, eine Erfahrung und keine genaue Zeitspanne, die etwa am 25. Dezember beginnt und am 21. März aufhört. So sind wir überrascht, wenn wir im Kalender feststellen, dass der 21. Dezember der erste Wintertag ist, weil der Winter entweder schon lange da oder überhaupt noch nicht zu spüren ist. Selten beginnt eine Jahreszeit wirklich an dem ihr zugedachten Datum. Jahreszeiten sind vielmehr eine qualitative Erfahrung: Wir empfinden einen feinen Unterschied in der Qualität des Lichts, der

Länge des Tages oder darin, wie sich die Luft auf unserer Haut anfühlt. Wir erfassen gefühlsmäßig, dass etwas in der Natur vor sich geht.

Die Stunden sind die »Jahreszeiten« des Tages. Früher wurden sie mystisch verstanden. Frühere Generationen, die nicht von der Uhr beherrscht wurden, verstanden die Stunden persönlich und begegneten ihnen als Boten der Ewigkeit im Fluss der Zeit, der wächst, erblüht und Früchte trägt. Im sich entfaltenden Rhythmus aller Dinge, die auf Erden wachsen und sich verändern, war die Vorgabe jeder Stunde von einer unendlich reicheren und komplexeren Eigenart als unsere sterile Uhrzeit. Man verstand sie als Boten einer anderen Dimension – gleichsam als Engel –, die anzeigten, dass jeder Stunde ihre ureigene Bedeutung innewohnte.

Auch heute noch, inmitten unserer vollgepackten Geschäftstermine, können wir feststellen, dass die Zeit vor der Morgendämmerung, die frühen Morgenstunden, der Vormittag und die Mittagszeit eine eigene Qualität haben. Die Zeit mitten am Nachmittag, wenn die Schatten länger werden, hat einen anderen Charakter als die Zeit der Abenddämmerung, wenn wir das Licht einschalten.

So ist eine Gebetszeit denn eher eine unsichtbare Kraft als eine Maßeinheit. Die Stunden, in denen die Mönche zum Gebet und zum Gesang zusammengerufen werden, sind Engel, denen wir zu bestimmten

Zeitpunkten im Laufe des Tages begegnen. Die Gebetszeiten werden »kanonische« Gebetszeiten (oder Stundengebete) genannt, weil das Wort »Kanon« ursprünglich einen Messstab bezeichnete und weil der Tag nach seinen verschiedenen Stimmungen gemessen wird. »Kanon« kann aber auch Gitter bedeuten, wie ein Spalier, an dem man Reben hochzieht. So können wir uns die Gebetszeiten auch wie einen Rahmen vorstellen, der den klösterlichen Tag und das gesamte mönchische Leben trägt und unterstützt.

Die mönchische Beziehung zur Zeit wird geformt durch die Stunden des Gebetes; dadurch steigert sich unsere Aufmerksamkeit für die feinen Unterschiedlichkeiten im Ablauf des Tages. Und je größer diese Sensibilität wird, desto empfänglicher werden wir für den gegenwärtigen Augenblick.

Die Wechselgesänge jeder Stunde helfen den Mönchen, voll in die flüchtige Dimension des Jetzt einzutreten. Der Gesang bereitet uns darauf vor, auf den Ruf jeder Stunde zu antworten; denn das wirkliche Leben findet weder in der Uhrzeit noch in der chronologischen Zeit (nach dem Griechischen *chronos*) statt, sondern in dem, was die Griechen *kairos* nannten: der Zeit als Gelegenheit oder als Begegnung.

Aus der mönchischen Perspektive ist die Zeit immer eine Reihe von Gelegenheiten, von Begegnungen. Wir leben im Jetzt, indem wir uns auf den Ruf eines jeden Augenblicks einstimmen, indem wir hören, was jede Stunde und jede Situation von uns verlangt, und indem wir darauf antworten.

Die Gebetszeiten sind noch in einem anderen Sinn mönchische Tagzeiten. Das englische Wort »season« (oder das französische »saison«) hat eine lateinische Wurzel, die »säen« bedeutet. So sind denn die Stunden des Tages die eigentlichen Stationen oder Abschnitte des Tages, zu denen wir in uns, und draußen in der Welt, bestimmte Samen säen. Die Samen, die wir säen, sind die Tugenden, die jeder Stunde eigen sind.

Tun wir einen Schritt aus der bloßen Uhrzeit hinaus, in der wir lediglich reagieren, und gehen stattdessen in die Tageszeit der Stunden ein, indem wir bewusst auf die Botschaft des Engels einer bestimmten Stunde antworten. Jede Stunde des klösterlichen Tages stellt eine unverwechselbare Aufforderung dar und verlangt daher nach einer einmaligen Antwort. Dieses wechselseitige Spiel von Botschaft und Antwort findet wiederum ihren symbolischen Ausdruck in der antiphonalen Struktur der Gesänge.

Anrufung und Antwort ist das Wesen dieser Musik. Die Gesänge sind kein Vortrag eines Solisten, sondern die Darbietung eines Chorals. Und die ganze Gemeinde singt, nicht nur einige spezialisierte Sänger. Wichtig ist nicht der Sänger, sondern der Gesang und eine über sich selbst hinausgehende Antwortbereitschaft, die dieser Gesang erfordert.

Die Regel des heiligen Benedikt – das »Spalier« (denn Regel heißt griechisch *canon*), das Gitterwerk, das 1500 Jahre lang das mönchische Leben getragen hat – erinnert die Mönche daran, dass sie sich jedes Mal, wenn sie singen, in Gegenwart von Engelchören befinden. Und sie singen wie die Engel, von denen man sagt, sie würden einander gegenseitig anrufen und in nie endendem Lobpreis antworten. So drückt sich auch das spirituelle Leben als Ganzes aus, das wesensgemäß ein Leben der Liebe ist, in der wir Gott und einander zuhören und antworten. Diese Liebe (Agape) ist keine Privatangelegenheit.

IN DEN GESÄNGEN die nicht so sehr ein akustisches Phänomen als vielmehr eine innere Erfahrung sind, begegnen wir einer Wirklichkeit, die wirklicher ist als das, was wir in unserem geschäftigen Alltagsleben erleben. Weshalb ist das so?

Einer der Gründe für ein Gefühl des Unbehagens in unserem Alltagsleben könnte darin liegen, dass wir entweder über die Vergangenheit grübeln oder uns Sorgen über die Zukunft machen und deshalb nicht im Hier und Jetzt sind, wo unser wirkliches Selbst weilt. Wenn wir das Gefühl haben, nicht wirklich zu sein, sind wir wie die »hohlen Männer« von T. S. Eliot. Die Gesänge rufen uns aus der chronologischen Zeit heraus, in der »jetzt« niemals gefunden werden kann, und in das ewige Jetzt hinein, das gar nicht in der Zeit zu finden ist. Wenn wir uns die Zeit als Linie vorstellen, die von der Zukunft in die Vergangenheit reicht, dann frisst die Vergangenheit die Zukunft ständig und ohne den geringsten Rest auf. Solange wir uns »jetzt« als eine ganz kurze Zeitstrecke vorstellen, hält uns nichts davon ab, diese Strecke zu halbieren und dann nochmals in zwei zu teilen. Weil sich die chronologische Zeit immer weiter teilen lässt, gibt es kein »jetzt« auf unseren Uhren, und in der Uhrzeit lässt sich keine »stille Mitte« finden. Es ist ein Gedankenexperiment, das uns klar machen kann, wie wir im Jetzt etwas erfahren, das in der Zeit gar nicht enthalten ist, sondern weit über sie hinausgeht: die Ewigkeit.

Die Ewigkeit ist nicht eine lange, lange Zeit. Sie ist das Gegenteil von Zeit: Sie ist die Nicht-Zeit. Sie ist, wie Augustin sagte: »Das Jetzt, das nicht vergeht.« Wir können die Ewigkeit nicht dadurch erreichen, dass wir einfach in einer chronologischen Reihenfolge vorangehen, und dennoch ist sie uns in jedem Augenblick als geheimnisvolle Fülle der Zeit zugänglich.

Wir werden ab und zu, in den Augenblicken, in denen wir am lebendigsten sind, in unseren Gipfelerlebnissen, in das Mysterium der Zeit aufgenommen. Von solchen Momenten sagen wir etwa: »Die Zeit stand still« oder: »So viel hatte in einem einzigen, winzigen Augenblick Platz« oder: »Stunden vergingen, und es war wie im Nu, wie eine Sekunde.« Unser Zeitgefühl verändert sich in solchen Momenten der tiefen und intensiven Erfahrung, und dann wissen wir, was Jetzt bedeutet. Wir fühlen uns in jenem Jetzt, in jener Ewigkeit zu Hause, weil das der einzige Ort ist, wo wir wirklich sind. Wir können nicht in der Zukunft sein, wir können nicht in der Vergangenheit sein; wir können nur in der Gegenwart sein. Wir sind nur in dem Maße wirklich, in dem wir im gegenwärtigen Hier und Jetzt leben.

DAS MÖNCHISCHE BESTREBEN wird oft missverstanden als eine Bemühung, überfromm und heiliger zu sein als andere. In Wirklichkeit ist das Grundprinzip des Mönchstums die Bemühung, einfach im Jetzt zu leben. Das Kloster ist ein Ort, wo es einem leicht gemacht wird, im Hier und Jetzt zu sein. Alles ist daraufhin angeordnet. Dem natürlichen Rhythmus der Stunden des Tages zu folgen, ist dabei eine große Hilfe. Mönche wissen immer, was sie zu einer bestimmten Zeit zu tun haben. Im Augenblick, in dem die Glocke läutet, lassen sie fallen, was sie in Händen haben, und tun das, wozu es jetzt Zeit ist. Sie wenden sich der neuen Aufgabe bereitwillig und offen zu, weil diese Stunde wie ein Engel ist, der sie ruft und herausfordert zur Antwort, die diesem Augenblick entspricht. Das zu tun, ist im Kloster leichter als anderswo. Die Haltung, die dahintersteht, können wir aber in jeder Lebenslage zu verwirklichen versuchen. In dem Maß, in dem uns das gelingt, werden wir glücklich.

Der Dichter Rainer Maria Rilke reiste um die Jahrhundertwende in Russland umher und war sehr vom mönchischen Leben beeindruckt, das er dort vorfand. Wie viele, die selbst weder die Neigung haben noch die Berufung verspüren, Mönch zu werden, berührte der Archetyp des Mönchs den jungen, 25jährigen Mann dennoch zutiefst. Er schrieb eine Reihe von Gedichten unter dem Titel »Das Stunden-Buch«, und nannte es wie das Buch, aus dem die Mönche in den Gebetstunden singen. Im allerersten Gedicht dieser Sammlung beschreibt er, wie die von der Klosterglocke angekündigte Stunde sich neigt und den Dichter berührt, der ausruft: »Mir zittern die Sinne.« Unsere Sinne mögen wohl zittern, wenn wir uns öffnen und zulassen, dass eine Stunde, eine Zeit, die für uns reif ist, uns wirklich berührt.

Die Glocke erweckt uns zum Jetzt und fordert uns auf, das zu tun, wofür es Zeit ist, weil es jeden Moment Zeit ist, etwas zu tun, auch wenn es bloß Zeit zum Schlafen ist. Ein altes Motto lautet: »Age quod agis« - »Tue, was du tust«. Freiheit liegt darin, das, was du tust, wirklich zu tun. Gehorsam ist keine Einschränkung, es ist ein liebevolles Zuhören und eine Antwortbereitschaft. Die liebevolle Antwort auf die Aufforderung eines jeden Augenblicks befreit uns aus der Tretmühle der Uhrzeit und öffnet eine Tür ins Jetzt.

Der Gesang lehrt uns noch etwas anderes über das Leben in der Gegenwart. Von einem pragmatischen Gesichtspunkt aus ist er eine nutzlose Aktivität, er vollbringt nichts. Wir sind derart auf das Nützliche ausgerichtet, dass wir das Sinnvolle vergessen, das unserem Leben Freude, Tiefe und Wert verleiht. Musikhören oder Singen heißt etwas tun, was keinem praktischen Zweck dient. Es ist nur Feiern und Lobpreisen, es heißt nur, die Freude und Schönheit des Lebens, die Herrlichkeit Gottes zu kosten. Musik sogar mitten in einem ganz zielgerichteten Tag anzuhören, erinnert uns daran, unserer Erfahrung eine andere Dimension hinzuzufügen, die Dimension des Sinnes, die das Ganze der Mühe wert macht.

Sich auf die Gesänge einzulassen, kann eine Art nüchterner Ekstase auslösen. Ekstase heißt wörtlich außerhalb von sich stehen. Wenn wir singen oder Gesängen zuhören, haben wir Zugang zu jener Dimension, die außerhalb der Zeit ist: dem Jetzt.

Paradoxerweise brechen wir aus der Uhrzeit genau dann aus, wenn wir ganz im Augenblick sind. Der Augenblick und die Ekstase gehören zusammen: Wenn wir wirklich hier, jetzt, in diesem Augenblick sind, dann sind wir ganz spontan auch ekstatisch. T. S. Eliot spricht von »Musik, so innig gehört, dass sie nicht gehört wird, weil man selbst die Musik ist, solange sie forttönt.« Und in dieser Erfahrung sieht er einen Aspekt vom »Augenblick in und außer der Zeit«. Wenn wir lernen, die beiden miteinander zu verbinden und in und außer der Zeit zu leben, dann lassen wir aus der Polarität zwischen Zeit und Jetzt, zwischen Augenblick und Ekstase eine schöpferische Spannung entstehen. Dank dieser inneren Einstellung können wir ein volles und schöpferisches Leben leben.

DIE BESCHÄFTIGUNG mit dem Gesang entwickelt jene Haltung des Zuhörens und Antwortens in uns, die wir auf jede Handlung im Laufe des Tages übertragen können. Wenn wir uns nach der Ganzheit und Harmonie sehnen, die entstehen, sobald wir ganz für jeden unserer Augenblicke da sind, so haben wir doch gleichzeitig auch Angst davor. Wo immer wir den reinen Ruf des Augenblicks erleben und jedes Mal, wenn wir der nackten Wirklichkeit gegenüberstehen, erzittern wir. Wir haben uns daran gewöhnt, die alltäglichen Düfte der Kompromisse in uns aufzunehmen und uns durchzumogeln; werden wir plötzlich herausgefordert, reinen Sauerstoff einzuatmen, fürchten wir, gleich zu verbrennen. Deshalb sagte Rilke: »Jeder Engel ist schrecklich.« Und doch, was könnte schöner sein als ein Engel? Überwältigende Schönheit ist nicht hübsch. Eher ist es die Schönheit eines Gewittersturms: Er ist faszinierend und zugleich auch zum Fürchten. »Denn das Schöne«, sagt Rilke, »ist nichts als des Schrecklichen Anfang, den wir noch gerade ertragen, und wir bewundern es so, weil es gelassen verschmäht, uns zu zerstören.«

Wir sehnen uns nach einer Begegnung mit dem Engel. Wir sehnen uns nach einer echten Begegnung mit der Wirklichkeit, und doch fürchten wir uns gleichzeitig davor, genauso wie wir Angst vor der überwältigenden Erfahrung haben, uns zu verlieben. Wir fliehen davor und werden dennoch unwiderstehlich davon angezogen.

T. S. Eliot bemerkt: »Die Menschen ertragen nicht sehr viel Wirklichkeit.« Warum haben wir Angst, im Jetzt zu leben?

Wir fürchten uns, wirklich zu werden, genau wie die Spielsachen im Kinderbuch *Der Plüschhase*. Sie wollen alle wirklich werden – das ist der größte Traum der Spielsachen. Zugleich fürchten sie sich davor, und deshalb fragen sie ein erfahreneres Spielzeug: »Tut Wirklichwerden weh?« Das ist dieselbe Angst, die wir haben. Tut die Begegnung mit der Wirklichkeit weh? Das alte Spielzeug gibt weise zur Antwort: »Wenn du wirklich bist, macht es dir nichts aus, dass es weh tut.«

Opus Dei nennen es die Mönche, wenn sie die Stunden des klösterlichen Tages besingen: das Werk Gottes.

Wenn wir verliebt sind, ist der Lobpreis des geliebten Geschöpfes, das uns gegenübersteht, keine Mühe. Ebenso wenig sind es die Gesänge der Mönche. Der Gregorianische Gesang ist ein Lobpreis, der von Herzen kommt. Wenn die Gesänge auch manchmal ein Schmerzensschrei oder ein Ausdruck unserer Not sind, so behalten sie dennoch stets die Ober- und Untertöne des Lobpreisens bei. Lobpreisen ist unsere Antwort auf die Herrlichkeit Gottes, darauf, dass Gottes Gegenwart in allem, in jedem Menschen und in jeder Situation erstrahlt. Je liebevoller wir sind, desto öfter sehen wir diese strahlende Herrlichkeit. Je öfter wir sie erstrahlen sehen, desto eher ist Lobpreisen unsere spontane Antwort darauf. Das ist es, wozu der Mensch gemacht ist. Wir sind wesensgemäß diejenigen, die lobsingen. Das ist unser höchstes Ziel.

Das mönchische Leben wird oft ein kontemplatives Leben genannt. Kontemplation besteht nicht nur aus konzentrierten Zeiten der Meditation. Kontemplation bedeutet wörtlich ein ständiges Zusammensetzen nach einem bestimmten Maß. Aber was setzen wir im kontemplativen Leben zusammen? Wir verbinden die beiden Bereiche, von denen wir hier gesprochen haben: Chronos und Kairos. Wenn wir dieses kontemplative Leben leben, dann messen wir das, was wir in der Zeit tun, am Jetzt, das nicht vergeht. Wir streben unablässig danach, uns auf Gottes schöpferischen Geist, Gottes Willen, Gottes Plan einzustimmen und zuzulassen, dass er der Wirklichkeit Gestalt gibt »wie im Himmel so auf Erden«.

Das kontemplative Leben ist das Zusammensetzen von Schau und Handlung. Schau oder Meditation alleine ist nicht wahre Kontemplation. Nicht nur Mönche, sondern wir alle sind zur Kontemplation in diesem vollen Sinne aufgerufen. Wenn wir ein gesundes Leben führen wollen, müssen wir Momente der Schau in unser tägliches Leben einbauen und dann unsere

Handlungen aus dieser Schau heraus Form annehmen lassen. Beim Anhören der Gesänge kann es Momente geben, in denen wir unser inneres Auge für die Schau öffnen, die in Handlung umgesetzt werden will.

In der traditionellen christlichen Spiritualität heißt es, dass alles *sub specie aeternitatis* anzusehen ist, was soviel heißt, wie die Dinge vom Gesichtspunkt der Ewigkeit aus zu betrachten. Im Alltagsleben sind wir versucht, den Dingen ein subjektives Maß anzulegen, sei es den irdischen Erfolg, das Erreichen unserer Ziele oder die Erfüllung der Erwartungen anderer. Unser Leben hat aber nur dann Tiefe und Sinn, wenn wir es von einer höheren Warte aus betrachten und unsere zeitlichen Ziele am ewigen Jetzt messen. Dieses Jetzt hallt in den Gesängen nach.

Wir wissen, dass es uns nicht wirklich glücklich macht, nur Ziele auf der pragmatischen, materiellen, zeitlichen (und damit auch befristeten) Ebene zu erreichen. Wenn uns etwas mit einer tiefen und anhaltenden Freude erfüllt, dann bedeutet dies, *wirklich* zu sein, ganz lebendig und gegenwärtig im Jetzt zu Hause zu sein. Doch wer kann lange in diesem gesegneten Bereich verweilen? Wir stellen uns gerne vor, die großen spirituellen Meister, die großen Asketen, könnten das. Können sie?

In einer alten Geschichte aus den Anfängen des christlichen Klosterlebens kommt das schön zum Ausdruck: Ein junger Mönch reist zu einem alten, hoch geachteten Mönch weit draußen in der ägyptischen Wüste und berichtet ihm, dass er immer wieder seinen Geistesfrieden verliert. Der junge Mönch sucht eine Anleitung, um seinen inneren Frieden zu bewahren. Zu seinem großen Erstaunen antwortet ihm der alte Mann: »Ich habe dieses Gewand nun siebzig Jahre getragen, und nicht einen einzigen Tag lang habe ich Frieden gefunden.«

Wenn sogar dieser erfahrene Mönch feststellt, dass der Frieden des Augenblicks ständig bedroht ist, was sollen wir dann erst dazu sagen? Was zählt, ist aber nicht, dass dieser Friede ein fester Besitz ist, sondern vielmehr, dass wir nie aufhören, danach zu streben. Vollkommenheit heißt nicht etwas erreichen; Vollkommenheit liegt im unermüdlichen Streben.

DIE GREGORIANISCHEN GESÄNGE erscheinen vollkommen, auch wenn sie nicht von Berufssängern vorgetragen werden. Es gehört zur Eigentümlichkeit dieser Musik, dass jeder lernen kann, im Choral mitzusingen.

Diese Gesänge sind eine Volkskunst: Ihre Unvollkommenheit gehört zu ihrer Vollkommenheit. Sie haben für alle Arten von Stimmen und Gesangstalenten Platz; im Kloster werden die Gesänge von allen gesungen, die gerade da sind und die den Geist der Gemeinsamkeit teilen. So sind Unvollkommenheiten unvermeidlich, genau wie im Leben. Und gerade darum geht es: Eine bemerkenswert überirdische

Schönheit entsteht, wenn ganz normale Leute mit all ihren Unzulänglichkeiten sich diesem Gesang hingeben.

Singen ist ein wesentlicher Bestandteil vieler religiöser Überlieferungen – der buddhistischen, jüdischen, hinduistischen, islamischen und anderer. Das kommt daher, dass an einem gewissen Punkt der religiösen Erfahrung das Herz einfach singen will, das Singen bricht aus ihm heraus. Obwohl es widersprüchlich scheint, kann man sagen, dass das Wort dann entsteht, wenn das Schweigen seine Fülle gefunden hat. Wie es im *Buch der Weisheit* heißt: »Denn während tiefes Schweigen alles umfing und die Nacht in ihrem schnellen Laufe bis zur Mitte vorgerückt war« – als also die Nacht am dunkelsten und tiefsten war –, »da sprang sein allmächtiges Wort vom Himmel her, vom königlichen Thron«: In der Weihnacht beginnt das Schweigen zu singen.

DIESES BUCH IST EINE REISE durch die Stunden des mönchischen Tages. Um die Musik der Stille zu hören und ihre Botschaft zu erlauschen, müssen wir aus der Uhrzeit in den klösterlichen Fluss der Zeit eintreten, der sich in den Horen, den Stunden des Gebetes äußert. Wir müssen die Gewohnheit zu reagieren aufgeben und lernen, auf das zu antworten, was im Augenblick gegeben ist. Wenn wir mit dieser inneren Haltung dem Engel jeder Stunde begegnen, dann werden wir offen sein für den Samen, den der Engel uns zu säen aufträgt, und die Tugend, die sich daraus entfaltet, wird in unserem Leben Frucht tragen.

Gregorianische Gesänge
SOUNDFILE

Titel | Incipit: Antiphona I
Sancta Maria, succurre miseris
Psalmus 109 *Dixit Dominus*
Interpretation | Heinrich Isaac-Ensemble, Karlsruhe
Leitung | Hans-Georg Renner

www.sprachlichter.de/qr/musik-der-stille-01

Vigil
NACHTWACHE

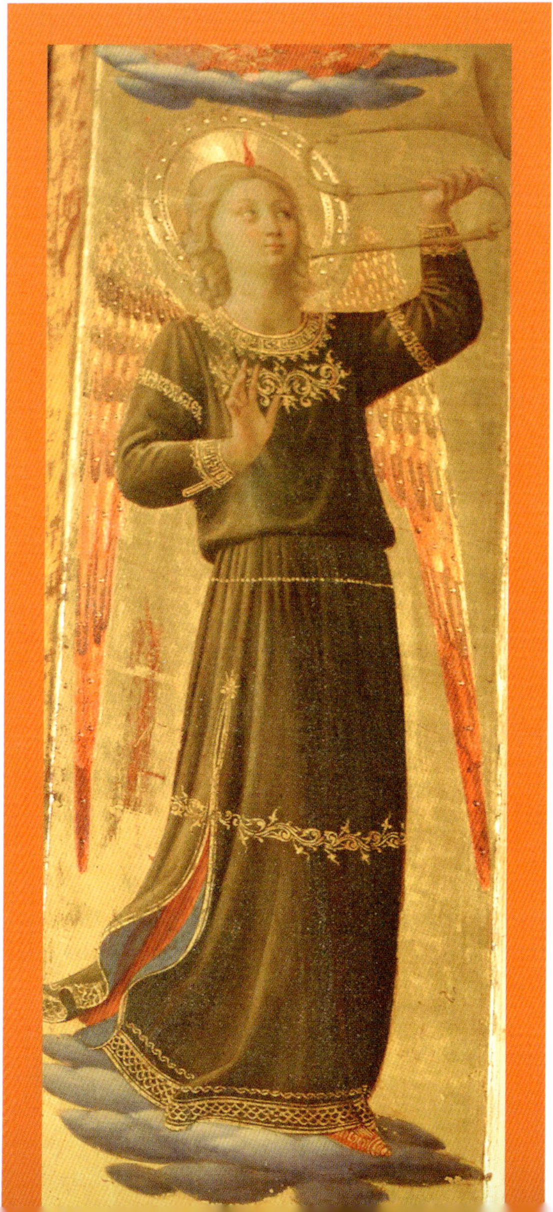

DIE VIGIL IST DER SCHOSS der Stille und die längste Stunde.

Der Gang zum Oratorium noch vor der Morgendämmerung unter dem Sternenhimmel, wenn die Mönche sich zur Vigil einfinden, erfüllt uns mit Ehrfurcht und ist ein geeigneter Beginn des klösterlichen Tages.

Wir betreten das Oratorium, das Herz des Klosters, während es noch dunkel ist. Das Oratorium ist ein Ort, der einem einzigen Zweck dient: dem Gebet. Zu dieser Stunde ist das einzige Licht oft nur das Lämpchen am Lesepult des Kantors. Die Sänger sitzen versunken in der Dunkelheit. Alle Einzelheiten sind verborgen.

Und dann steigt aus diesem Schoß der Dunkelheit und der Stille der Choral empor.

Die Vigil – auch Matutin genannt – ist die Stunde der Nachtwache, die Stunde, in der man lernt, auf die Dunkelheit zu vertrauen. Wenn wir zum Nachthimmel aufschauen, werden wir an das unergründliche Mysterium erinnert, in das wir eingebettet sind.

Ursprünglich bedeutet »Mysterium« Geheimnis, nur für Eingeweihte, also sind Augen und Ohren verschlossen. Mysterium ist Stille, ist Dunkelheit. Rilke spricht davon in seinem Stunden-Buch und regt an, sich nach innen zu wenden, tief in sich hineinzuschauen. Er berichtet, was er gefunden hat: »Mein Gott ist dunkel«. Er sieht tausend Theologen in die Tiefe tauchen, in die Nacht hinein, um Gottes Namen zu suchen.

Und dann betet er weiter: »Du Dunkelheit, aus der ich stamme, ich liebe dich mehr als die Flamme, welche die Welt begrenzt.« Die leuchtende Flamme erhellt die Dinge in ihrem Umkreis, doch außerhalb des jeweiligen Lichtkreises liegt tiefe, grenzenlose Dunkelheit. Diese Dunkelheit ist ein Symbol und Bild des göttlichen Mysteriums, des Nichts oder der Nichtdinglichkeit des Gottesreichs. Die Alltagswirklichkeit, mit der wir allmählich umzugehen lernen, ist in ihrem Wesen und von Natur her endlich, eingebunden und beleuchtet ihre Eingeschränktheit.

Die Dunkelheit aber enthält alles, umfängt alles, umschließt dich und mich. »Und es kann sein: Eine große Kraft rührt sich in meiner Nachbarschaft«, sagt der Dichter und bringt dann seine tiefste Überzeugung zum Ausdruck: »Ich glaube an Nächte.«

Die Vigil lädt dazu ein, sich der Nacht hinzugeben und trotz der großen Furcht, die sie einflößen kann, auf die Dunkelheit zu vertrauen. Es gilt zu lernen, dem Mysterium mit jenem Mut entgegenzutreten, der lebendig macht. Dann entdecken wir, was im Prolog zum Johannesevangelium mit dem geheimnisvollen Wort ausgesprochen wird: »Das Licht leuchtet in der Finsternis«. Das heißt nicht, dass das Licht in die Finsternis hineinleuchtet, wie etwa der Strahl einer Taschenlampe in ein dunkles Zelt. Nein, das Erfreuliche an der Botschaft des Johannesevangeliums ist, dass das Licht mitten in der Finsternis leuchtet. Das ist eine große Offenbarung; die Finsternis selbst leuchtet.

Deswegen singt der Psalmist: »Zur Finsternis will ich sprechen: Sei mein Licht!« Die Finsternis selbst als Licht zu erkennen, kann sehr tröstlich sein. Wenn Finsternis in uns herrscht, dann rufen wir mit dem Propheten aus: »Wächter, ist die Nacht bald hin?« Wann wird es endlich Tag?

Die Herausforderung besteht darin, tief genug zu schauen, um zu erkennen, dass diese Finsternis alles ist, was wir brauchen, und in ihr finden, was wir suchen. Wenn wir uns in den Gregorianischen Gesang vertiefen, dann hören wir Klang gewordene Finsternis, eine Finsternis, die leuchtet.

Der Nachtwind ist die natürliche Stimme der Vigil. Der Wind ist ein Symbol für Geist, den *spiritus*, ein Wort, das auch »Atem« und »atmen« bedeutet. Der Heilige Geist oder spiritus sanctus ist jener Lebensatem, der in der Finsternis weht. Der Gesang ist hörbar gewordener Geist. Er ist ein Symbol für den Wind, der im Geist weht, und wir wissen nicht, von woher er kommt und wohin er fährt. Er ist voller Überraschung und ganz und gar schöpferisch.

Um in diesem Choral mitzusingen, lernt man als Mönch, richtig zu atmen. Wer bewusst atmet, lernt, in seiner Mitte und dort gegenwärtig zu sein, wo er sich gerade befindet. In einem seiner Gedichte spricht

Robert Frost scherzhaft vom Wind, der nicht wusste, wie er blasen sollte, bis wir Menschen ihn in uns aufnahmen und ihm Stimme verliehen. Gesang – wie Poesie – ist der Wind, wie er sein sollte: »Der Zweck war Gesang«. Wir alle haben mit dunklen Zeiten zu kämpfen, wie Jakob, der nachts mit der göttlichen Gegenwart in Form eines dunklen Engels rang, der so verführerisch schön und doch so beängstigend war. Am Ende der Nacht sagt der Engel: »Lass' mich los«. Jakob aber antwortet: »Ich lasse dich nicht, bis du mich gesegnet hast«. Als die Dämmerung anbrach, segnete ihn der Engel, aber er verletzte ihn auch, indem er ihn am Hüftgelenk berührte. Von jenem Tag an hinkte Jakob. Es gibt diese geheimnisvolle Verletztheit, die mit einem großen Segen einhergeht.

Wenn wir der Nacht wirklich in ihrer ganzen Schönheit und ihrem ganzen Schrecken entgegentreten, dann haben wir keinerlei Zusicherung, dass wir unversehrt davonkommen. Gehst du aber verletzt daraus hervor, kann dies auch ein Zeichen des Segens sein, den du dort empfangen hast.

DIE STUNDE DER VIGIL ist auch ein Zeichen für das Erwachen, das wir inmitten unseres Lebens vollbringen sollen. Die Welt, in der wir leben, ist in der Tat eine umnachtete Welt. Das Wachen in der Nacht, das Warten auf Licht, ist eine Wachsamkeit, die uns eindringlich darauf hinweist, den Tag hindurch aus der Welt des Schlafs in eine andere Wirklichkeit zu erwachen. Ein

Tagtraum, eine zufällig aufgefangene Bemerkung, ein flüchtiger Gedanke, der uns durch den Kopf geht, wenn wir an der Kasse eines Supermarktes Schlange stehen, könnte die Botschaft eines Engels sein, die wie eine Sternschnuppe am Nachthimmel vorbeizieht. Es ist Zeit aufzuwachen.

DER ENGEL DER VIGIL trägt ein dunkel-scharlachrotes Gewand und hält sein Horn, als wäre er bereit, es erklingen zu lassen, doch wartet er noch ab. Seine linke Hand ist in einer seltsamen Gebärde erhoben, als wolle er sagen: »Warte, noch nicht!« Er schaut aufwärts und wartet in jenem ehrfürchtigen Schweigen, aus dem jeder echte Klang kommt. Dieser Engel verkörpert die erwartungsvolle Haltung des aufmerksamen Hinhörens, die dem echten Wort oder Gesang vorausgeht.

DIE VIGIL RUFT uns zu liebevollem Hinhören auf. Weil so viel Ruhelosigkeit und Lärm in uns ist, fällt es uns schwer, eine Haltung des Zuhörens einzunehmen. So beginnt denn das Anhören dieser Gesänge damit, ein solches Hören zu üben. Dabei geht es um eine Aufmerksamkeit, die mit unserem Hörsinn beginnt, aber viel weiter und tiefer geht. Die Mönche werden dazu angehalten, mit dem Herzen zu hören, damit sie am Ende das wahrnehmen, was »kein Ohr je gehört, kein Auge gesehen« hat.

Dass sie für die Vigil lange vor der Dämmerung aufstehen, verleiht dem Tag der Mönche eine zusätzliche Dimension. Viele haben auch außerhalb des Klosters entdeckt, dass sich der Geist der Vigil in ihr Leben einbauen lässt. Sie verschaffen sich etwas Zeit und finden Raum, vielleicht in der Ecke eines Zimmers in ihrem Heim, den sie sich für nichts anderes als für ihre spirituelle Übung vorbehalten. Dort können sie sich vertiefen, sei es in die Meditation, das Gebet, das Schweigen, das Musikhören - was immer ihre Seele nährt.

Wenn wir uns vor Tagesanbruch etwas Zeit nehmen, auch wenn das heißt, eine Viertelstunde früher aufzustehen, dann kann dieser kontemplative Moment am frühen Morgen unseren ganzen Tag bereichern. Keine Angst, das ist keine Zeitverschwendung. Es ist auch kein Zeitverlust, der dem, was getan werden muss, Abbruch tut. Ohne diese kontemplative Dimension käme der ganze Tag möglicherweise ins Rutschen und würde zu einer einzigen Hetze, während diese wenigen Minuten ihm Sinn und Freude verleihen können. Wer die Möglichkeit hat, zu Hause eine kleine, noch so bescheidene Ecke als Raum der Andacht einzurichten, kann dort ohne weiteres jeden Tag von neuem Zugang zu einer kontemplativen Haltung finden.

Wir sind derartige Experten der Effizienz, dass wir Überflüssigem keinen Platz lassen und denken, dass alles Zusätzliche gestrichen werden sollte. Dabei ist es gerade das Überfließen im wörtlichen Sinn, das unserem Leben den zündenden Funken und seinen strahlenden Glanz verleiht.

Die Maßlosigkeit der Überflussgesellschaft hingegen ist das genaue Gegenteil. Im englischen Wort *affluence* ist die lateinische Wurzel *affluentia*, das Zufließen, noch deutlich zu erkennen. Es bedeutet, dass das, was hinzu fließt, nicht mehr überfließt. Unsere Überflussgesellschaft hält das Hinzufließende zurück, indem sie einfach die Behälter vergrößert, wenn es gerade wie in den Schalen eines Brunnens überfließen möchte, sich über deren Rand ergießen in wunderschönen Wasserkaskaden. Die Wirtschaft der Überflussgesellschaft erfordert, dass die Dinge, die letztes Jahr für uns etwas Besonderes waren, jetzt als selbstverständlich erachtet werden; somit wird der Behälter größer, und damit wird die Freude am Überfließen, die Dankbarkeit, immer wieder hinausgeschoben. Wenn wir aber das Gefäß kleiner machen, indem wir unsere Bedürfnisse einschränken, dann fließt es schneller über, und damit wird uns die Freude der Dankbarkeit früher geschenkt. Es ist das Überfließende, was in der Sonne funkelt.

Je weniger du hast, desto mehr schätzt du das, was du hast. Wenn alles Unwesentliche wegfällt, erkennst du erst, wie sehr du mit den Gaben des Lebens gesegnet bist. Zumindest in diesem Sinne sind die Armen gesegnet.

Im Leben ist nichts notwendiger als das Überflüssige, weil nur Überfließen Freude macht. Deswegen brauchen wir nichts dringender als Einfachheit. Wenn deine Bedürfnisse gering sind, füllt sich dein Behälter schnell und du kannst dich am Überfließen freuen.

Mönche machen die Erfahrung dieses Überfließens schneller; auch Arme erfahren es schneller als Reiche, weil ihre Behälter kleiner sind. Für Mönche – die traditionsgemäß wenige und einfache Dinge besitzen – wird der Behälter künstlich verkleinert, und damit stellt sich die Freude am Überfließen früher ein. Wenn man normalerweise nur Suppe isst, und plötzlich bekommt man noch ein Kartoffelgericht dazu, dann ist das wie ein wunderbares Geschenk, wie ein Segen, und die Freude ist groß.

Wenn du eine Viertelstunde früher aufstehst, dann hast du ein kleines bisschen mehr Zeit, in der du nichts Praktisches zu tun brauchst. Das Nützliche hat in deinem normalen Tagesablauf Platz. An dieser zusätzlichen Zeit kannst du dich einfach freuen und sie, ganz wie du willst, genießen. Manche Leute spielen morgens Musik. In der letzten Zeit haben auch manche angefangen, Gesänge anzuhören, welche die Mönche zu ebendieser Zeit singen, jene Musik, in der die große geheimnisvolle Stille zu Klang wird. Wenn du dir für solche Dinge Zeit nimmst, kann dein ganzer Tag ein anderes Gesicht bekommen.

Die Vigil ist somit die Stunde, in der wir aufgerufen werden, uns Zeit zu nehmen, außerhalb von Sachzwängen oder sonstigen praktischen Anforderungen des Tages, um uns mit jenem dunklen, aber segensreichen Geheimnis zu verbinden, in das wir eingebettet sind. Wenn der helle Tag erst einmal anbricht und die Pflichten des Tages uns fordern, vergessen wir leicht die heilige, zeitlose Dimension unseres Lebens. Der Engel der Vigil fordert uns auf, das Geheimnis einer lichtspendenden Dunkelheit durch den ganzen Tag zu tragen, es voller Staunen und voll Freude mitzunehmen wie eine Melodie, die uns nicht aus dem Kopf geht.

Gregorianische Gesänge
SOUNDFILE

Titel | Antiphona II
Haec est Regina virginum
Psalmus 112 *Laudate pueri*
Interpretation | Heinrich Isaac-Ensemble, Karlsruhe
Leitung | Hans-Georg Renner

www.sprachlichter.de/qr/musik-der-stille-02

Laudes
TAGESANBRUCH

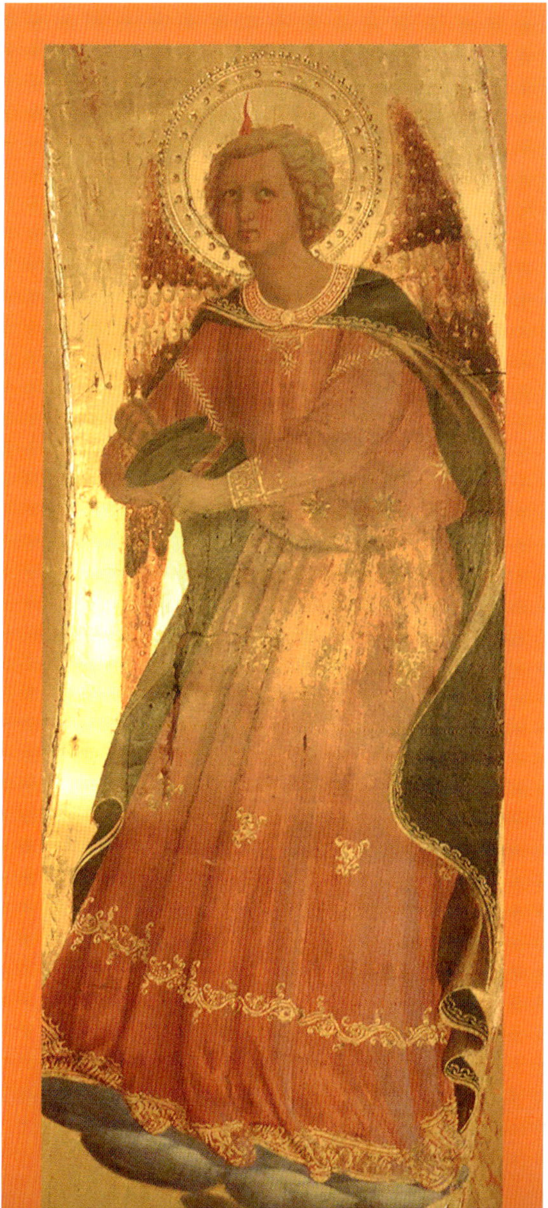

DIE KLÖSTERLICHE STUNDE der Laudes führt uns aus der Finsternis hinaus ins Licht. Mit den Laudes bekommen wir bei Sonnenaufgang den neuen Tag geschenkt. Die Vigil begleitete uns durch die feierliche Finsternis und die dunkle Ewigkeit der Nacht; jetzt feiern wir das Licht.

In Rilkes Stunden-Buch findet sich ein wunderschönes Gedicht, das speziell für die Laudes geschrieben sein könnte. Es ist fast ein kleiner Schöpfungsmythos. Hier hört der Dichter, wie Gott im Schoß der Dunkelheit zu jedem von uns spricht, noch bevor wir geboren werden, bevor er uns vollendet. Dann begleitet Gott uns hinaus aus der Nacht. »Von deinen Sinnen hinausgesandt«, weist er uns an, »geh bis an deiner Sehnsucht Rand; gieb mir Gewand.« Gott findet seine Äußerung in dieser Welt durch die Art und Weise, wie wir mit der geheimnisvollen Stille und Finsternis umgehen, aus der wir kommen. Jeder ist dazu bestimmt, das göttliche Geheimnis in seiner ganz persönlichen Eigenart auszudrücken.

Und während er uns ins Licht führt, spricht Gott zu uns: »Lass' dir Alles geschehn: Schönheit und Schrecken … Kein Gefühl ist das fernste. Laß dich von mir nicht trennen.« Und zum Abschied sagt er uns: »Nah ist das Land, das sie das Leben nennen. Du wirst es erkennen an seinem Ernste. Gieb mir die Hand.« Dieses neue Land, in das wir gesandt werden, ist Gottes Geschenk: Sein erhabenes Geschenk, das Geschenk des Lebens, das Geschenk des Seins.

Der Engel der Laudes trägt ein helleres Gewand als der Engel, der über die Vigil wachte. Das äußere Gewand ist immer noch dunkel, aber darunter sieht man schon die rosige Farbe der Morgenröte und das Gold der ersten Sonnenstrahlen. Der Engel blickt erwartungsvoll auf, bereit, die Zimbeln zu schlagen, aber noch ist kein Ton zu hören. Er wartet gespannt auf das große Zeichen, auf den Sonnenaufgang, auf das Aufstrahlen des Tageslichts.

DAS GESCHENK IN JEDEM GESCHENK ist immer die Gelegenheit, die es enthält. Meistens ist es die Gelegenheit, sich zu freuen und den Augenblick zu genießen. Wir achten nie genug auf die vielen Gelegenheiten, die wir täglich erhalten, einfach um uns zu freuen: an der Sonne, die durch die Bäume scheint, über den Tau, der auf einer eben aufgegangenen Blume glitzert, am Lächeln eines Säuglings oder über eine lang erwartete Umarmung. Oft gehen wir wie im Schlaf durchs Leben, bis etwas kommt, an dem wir keine Freude haben: Erst dann werden wir wachgerüttelt. Wenn wir lernen, die zahllosen Gelegenheiten wahrzunehmen, die uns Grund geben zur Freude am Geschenk des Lebendigseins, dann sind wir vorbereitet, wenn die Zeit kommt, die etwas Schwieriges von uns verlangt. Dann werden wir auch in dieser Herausforderung eine Gelegenheit erkennen und ihr dankbar gerecht werden.

Das Leben ist uns gegeben; jeder Augenblick ist uns gegeben. Dafür ist Dankbarkeit die einzige passende Antwort. Wenn uns die Tatsache dämmert, dass alles ein Geschenk ist, dann wird Dankbarkeit selbstverständlich, und wir erkennen, dass alles geschieht, um auf das Leben, das uns geschenkt ist, entsprechend zu antworten. Dieses Bewusstsein scheint besonders durch bei Tagesanbruch, und genau zu dieser Erkenntnis laden die Gesänge dieser Stunde ein.

Die Musik schwingt sich empor: Es ist ein Gesang der Freude und ein Gesang der Dankbarkeit. Diese festliche Stimmung der Dankbarkeit und Freude zieht sich den ganzen Tag durch die Gesänge hindurch, sogar dann, wenn sie gemessener und zurückhaltender werden. Welche Gesänge wir uns auch anhören, es ist ein Widerhall dieser tiefen Freude darin zu hören, weil Freude selbst mitten im Leiden und mitten im Schmerz angebracht ist.

Freude ist jene Art von Glück, das nicht davon abhängt, was uns zustößt. Meist sind wir glücklich, wenn uns etwas glückt und unglücklich, wenn es uns missglückt. Wissen wir aber wirklich, was gut für uns ist? Was erlaubt uns, so wählerisch zu sein? Wahre Freude finden wir erst, wenn wir uns aus ganzem Herzen auf die Gelegenheit einlassen, die uns gerade jetzt geschenkt ist. Nur in dieser Hingabe finden wir wahre Freude und beständiges Glück, unabhängig davon, was sonst geschieht.

Diese dankbare Freude drückt sich auch in den Gesängen aus; sie macht uns glücklich, was immer auch sonst noch geschehen mag. Manchmal verstehen wir das falsch. Wir denken, Menschen seien dankbar, weil sie glücklich sind. Aber stimmt das denn auch? Wenn wir genauer hinsehen, werden wir feststellen, dass Menschen glücklich sind, weil sie dankbar sind. Wenn wir für alles dankbar sind, was uns gegeben wird, gleichgültig, wie schwierig, gleichgültig, wie unwillkommen es auch sein mag, dann wird die Dankbarkeit selbst zur Quelle unseres Glücks. Die Heiligen lehren uns das: Sie sind voll des demütigen Dankes für alles, was ihnen das Leben bringt. Selbstverständlich ist es oft schwierig, diese Haltung einzunehmen, wenn wir uns plötzlich in einer unangenehmen oder gar tragischen Situation befinden. Wenn wir aber mit einfachen Dingen beginnen, dann wird uns die Haltung der Dankbarkeit nach und nach zur zweiten Natur. Haben wir nicht Augen, die wir im Morgenlicht öffnen können? Haben wir nicht Ohren, um auf Geräusche zu hören, und Füße, um zu gehen, und Lungen, um zu atmen? Was für Geschenke! Sollten wir nicht dankbar sein und uns an ihnen erfreuen?

DIE LAUDES gibt den Auftakt zum Tag, und wir beginnen ihn in einer Haltung, die sich bewusst ist, dass auch dieser Tag ein Geschenk ist, dass alles in unserem Leben geschenkt ist; die Laudes führen uns vor Augen, dass Dankbarkeit die einzig angemessene Antwort auf diese uns geschenkte Welt ist.

Ich verbinde die Laudes immer mit den hohen Fenstern des Oratoriums. Wenn die Gesänge der Laudes an einem Wintermorgen erklingen, sind die Fenster noch immer völlig dunkel. Kaum aber dämmert das erste Licht, beginnen die Farben in den Scheiben zu leuchten und langsam treten Formen und Figuren hervor und werden erkennbar. Diese Klosterfenster in der Dämmerstunde sind für mich ein kraftvolles Bild für das, was geschieht, wenn wir unsere Augen in Dankbarkeit für alles öffnen, was uns begegnet: Wir sehen göttliches Licht durch alles, was ist, hindurchleuchten.

Jemand mag dann etwa sagen: »Naja, aber wie kann ich für Völkermord dankbar sein? Wie kann ich für Terrorismus dankbar sein?« Und wie können wir für das Elend in den Straßen vor unserer eigenen Haustür dankbar sein? Oder für die Zerstörung unserer Umwelt? Oder für die Tierquälerei in Laboratorien und Legebatterien? Über diese Dinge an und für sich können wir uns keinesfalls freuen, doch dafür, dass sie uns Gelegenheit geben, etwas dagegen zu unternehmen, können wir dankbar sein. Diese rückhaltlose Aufgeschlossenheit für das Geschenk des gegenwärtigen Augenblicks ist eine außerordentlich schöpferische innere Haltung. Sie inspiriert uns zum Hinschauen und Überlegen, was wir tun können, so wenig es auch sein mag. Zumindest können wir fragen, was wir dagegen tun können und diese Gelegenheit nutzen. Wenn genügend Menschen fragen: »Was können wir tun?«, dann werden wir schließlich Lösungen für unsere dringendsten Probleme finden.

Der Sonnenaufgang kommt unaufgefordert und kann uns daran erinnern, dass jeder Tag ein Geschenk ist. Nicht wir führen ihn herbei. Das Licht wird uns gegeben. Jeden Morgen wird die Welt neu geboren, und bringt uns eine Zeit voller neuer Gelegenheiten. Auch wenn die Schwierigkeiten dieselben sind wie gestern, so können wir sie doch ganz neu anpacken. Diese erfrischende Haltung, Dinge immer wieder neu zu betrachten, nennen buddhistische Mönche »Anfängergeist«.

Gelegenheit, diese Haltung einzunehmen, ist nicht nur Mönchen vorbehalten, sie ist allen zugänglich. Wie Rilke im Stunden-Buch sagt: »Nichts war vollendet, eh ich es erschaut.« Niemand hat je gesehen, was ich sehe, weder mit meiner ganz eigenen Anschauungsweise noch von meinem ganz persönlichen Standpunkt aus. Ich bin Schöpfer eines jeden neuen Tages. Mir ist Gelegenheit gegeben, alles in diesem neuen Licht zu betrachten, und als der einmalige Mensch, der ich bin, dies zu würdigen und darauf zu antworten.

Was für ein Geschenk, jeden Morgen irgendeinem Teil der Natur zu begegnen. Vielleicht haben wir gar nie richtig darauf geachtet: auf den Morgenhimmel, auf wiegende Bäume im Wind, auf singende Vögel, oder auf Blumen, die soeben erblühen. Die Natur ist einfach da; sie hat keinen unmittelbaren Nutzen; sie ist ein reines Geschenk der Schönheit und des Lebens. Gerard Manley Hopkins sagt: »Tief drinnen in den Dingen lebt die kostbarste Frische.« Und diese ursprüngliche Frische wird jeden Morgen erneuert.

Denise Levertov hat das freudige Staunen über diese Frische in einem Gedicht eingefangen, das offenbar ganz speziell für Pendler im morgendlichen Berufsverkehr geschrieben ist. Es beginnt mit allen Schwierigkeiten und der ganzen Spannung und Negativität, die am Morgen auf einen Pendler zukommen. Dann aber erhascht das Auge wie zufällig einen Schimmer von Schönheit. Wenn wir uns Zeit nehmen, so lange bei diesem Anblick zu verweilen, als wir brauchen, um den zweiten Vers zu lesen, dann wird dieses beflügelnde Gedicht unser Herz erheben, so wie es sich auch auf den melodischen Schwingen der Gesänge erheben kann.

Der Schrecken eines jeden Tages,
beinahe eine Form von Langeweile –
Wahnsinnige
Am Steuer und
mit dem Fuß aufs Gas, und
die Bremsen taugen nichts –

und täglich eine am Morgen erblühte
Purpurwinde, manchmal zwei,
makellos, blau
oder rotgesprenkelt, und jede
erstrahlt wie von innen
mit dem ersten Sonnenstrahl.

Das Gegenteil von Dankbarkeit ist, alles als selbstverständlich anzusehen. Solange wir unserer Wege gehen und die Dinge als selbstverständlich hinnehmen, werden wir das Licht nie sehen; die Wirklichkeit bleibt undurchlässig wie die Klosterfenster, bevor die Sonnenstrahlen sie zu Wänden aus Licht machen. In dem Maß, in dem wir Überraschungen in unser Leben hereinfließen lassen, wird unser ganzes Leben lichtdurchlässig. Überraschung ist noch nicht Dankbarkeit, aber mit ein bisschen gutem Willen wächst sie von ganz allein zu Dankbarkeit heran.

Die kleine Tochter eines Freundes sagte eines Morgens zu ihrem Vater: »Papi, ist es nicht erstaunlich, dass es mich gibt?« Kinder wissen intuitiv, wie erstaunlich und erfreulich es ist, dass es überhaupt irgendetwas gibt. Und das Kind in uns stirbt nie. Wir können es einsperren, wir können es vergessen oder stark vernachlässigen, aber solange wir leben, bleibt es am Leben. Es ist eine unserer großen Aufgaben, dieses Kind wieder zu befreien und es zu ermutigen, solche tiefsinnigen Fragen zu stellen. Dann schauen wir alles durch staunende Augen an und nehmen alles mit einem offenen Herzen auf.

Dieses Erwecken des Kindes in uns ist nicht einfältige Sentimentalität; es macht den Kern der mönchischen Bemühungen und jeder Spiritualität aus. Das eigentliche Ziel ist das, was der Philosoph Paul Ricceur die »zweite Naivität« nennt: die Verbindung der hellen Begeisterung kindlicher Unschuld mit jener Weisheit, die sich aufgrund von Erfahrung einstellt.

Wenn das Licht des frühen Morgens auf das Geschenk des Daseins aufmerksam macht, so durchdringt dieses Mysterium jede Antwort, die wir geben können. Und diese Transzendenz, diese Überfülle ist ein wesentlicher Bestandteil der göttlichen, freizügig geschenkten Gabe, die eine tägliche Einladung zu einer neuen Antwort aus ganzem Herzen ist und zum spontanen Lobpreis – dem Choral – inspiriert.

Die Gregorianischen Gesänge sprechen das Kind in uns an, weil sie die reine Freude am Lebendigsein ausdrücken. Die Freude äußert sich im Lobpreis Gottes und durchzieht sogar die klagenden Melodien der Gesänge. Freude ist etwas, das wir pflegen können: wenn wir erst einmal diese dankbare Freude in den Gesängen hören und ihre Schönheit unser Herz ergreift, dann können wir auf leichte und natürliche Weise anfangen, Dankbarkeit zu üben.

Man verbindet Mönchstum und Mönchsein oft mit

Askese, und das ist auch richtig. Aber oft glaubt man, Askese bedeute, dass man die Sinne verleugnet, und das ist ein Irrtum. In spirituellen Überlieferungen wie etwa dem Zen lernen wir, dass Askese eine Disziplinierung der Sinne bezeichnet, durch die man die Fähigkeit entwickelt, jede Daseinsdimension mit gesteigerter Sensibilität zu erleben. Das wurde in Blütezeiten seit jeher von jeder Tradition von Mönchstum betont. Für einen wahrhaft aufnahmebereiten Gaumen ist Quellwasser sehr wohlschmeckend.

Richtig verstanden bedeutet Askese *üben*. Das Wort kommt vom griechischen askesis, dem Üben der Athleten. Wenn wir Lebensqualität suchen, dann üben wir, entwickeln Methoden, verfeinern unsere Sprache, achten auf unsere Bewegungen und ernähren uns sorgfältiger. So geschieht es auch mit unserem spirituellen Wachstum.

Wer sich beispielsweise besser ernähren will, muss vielleicht auf Dinge verzichten, die gut schmecken oder sonst verlockend sind. Wem aber etwas am Gesundsein liegt, wird daran arbeiten, wird seine Ernährung verbessern, wird vielleicht sogar seinen Geschmack verändern und bald feststellen, dass man dabei auf nichts verzichten muss, was man wirklich braucht.

So geht es auch bei der Askese. Der erfahrene Läufer, der gesunde Feinschmecker, der Musikvirtuose, der meisterhafte Gärtner – jeder, der aus Leidenschaft für Spitzenleistungen auf irgendeinem Gebiet eine disziplinierte Kunst daraus macht – verzichtet gern auf einiges, um durch Übung eine Vollkommenheit zu erlangen, die eine außerordentliche Vitalität und Freude zur Folge hat.

In unserer weltlichen Geschäftigkeit stumpfen die Sinne ab. Unsere Sinne und unser Bewusstsein werden derart überfüttert, dass ihre Feinheit und Schärfe schnell verloren gehen. Unser Trommelfell wird oft dermaßen bombardiert, unsere Geschmacksknospen werden überfahren, unsere Nahrung ist so fett und üppig, dass wir gar nichts mehr richtig hören und überhaupt nicht mehr schmecken, was wir essen.

Die schlanken melodischen Linien des Gregorianischen Chorals in ihrer Einfachheit und überirdischen Schönheit wecken unsere volle Aufmerksamkeit. Sie entspringen einer tiefen Stille, und haben die Kraft, uns selbst still werden zu lassen, wenn wir sie nicht nur mit den Ohren aufnehmen, sondern mit dem Herzen. Diese Musik stumpft niemals unser Gehör ab, sondern verfeinert es. Ihre »asketische« Schönheit und ihre lautere Sinnlichkeit vermitteln den Hörenden mühelos Sammlung und jene besondere Lebenshaltung, die daraus entspringt.

WENN DIE FREUDIGEN GESÄNGE der Laudes Gott jeden Morgen für eine neugeborene Welt loben, für eine Welt der Freude und der Überraschung, der Verfeinerung und der Feier, sollten wir auch die andere

Seite der Laudes nicht vergessen: Wenn der Hahn kräht, schlägt die Stunde des Gerichts. In der Hymne der Laudes heißt der Hahn »Herold eines Tages«. Und wir werden auch daran erinnert, dass Petrus Jesus dreimal verleugnete, bevor der Hahn krähte.

Alles, was in den dunklen, verborgenen Winkeln unseres Lebens vorgefallen ist, muss ans Licht gebracht werden. Das ist eine wahrhaft positive Art des Urteils; es ist keine Verurteilung, sondern wir sehen der Realität ins Gesicht, wenn uns die freudige Erregung und das Versprechen eines neuen Tages beseelen. Die Sonne beurteilt die Werke der Finsternis und bringt sie ans Licht. Doch ist es das Licht der unerschöpflichen Barmherzigkeit Gottes. Gerade der schallende Hahnenschrei vermittelt diese besondere Mischung von Freude und Trauer, Nüchternheit und Begeisterung.

Der Hahnenschrei ist wie ein Schluchzen, aber ein siegreiches Schluchzen.

Weinen kann auch der Sieg sein über den Ärger, das Schmelzen einer inneren Vereisung. Die Mischung von Tränen und Freude gibt dem Gesang einen ganz besonderen Beiklang.

Wenn wir den neuen Tag als Geschenk begrüßen, trägt uns ein Dankbarkeitsgefühl durch die darauf folgenden Stunden. Der Tag ist uns angeboten als etwas, das wir Stunde um Stunde an andere verschenken können. Wenn wir beispielsweise zu Beginn des

Tages nicht fragen: »Wie hole ich am meisten aus diesem Tag heraus?«, sondern: »Wie kann ich heute jemanden ein wenig glücklicher machen?«, dann sind wir am Ende selbst viel glücklicher. Jemand, der die frühe Morgensonne als Geschenk erlebt, wird viel eher wie eine kleine Sonne durch den Tag gehen und anderen Menschen strahlend entgegenkommen. Wir können lächeln. Wir können andere wärmen. Wir können den Tag für andere aufhellen.

In fast jeder Situation haben wir die Wahl: geizig oder großzügig zu sein. Das habe ich selbst oft beim Trinkgeldgeben erlebt. Nie hat es mich gereut, etwas zuviel Trinkgeld gegeben zu haben, auch wenn die Bedienung zu wünschen übrigließ. Vielleicht war sie nicht so gut, weil der überforderte Kellner oder die Kellnerin eine Aufmunterung brauchte. Der Gedanke, dass ein Trinkgeld den Tag eines anderen aufhellen und ihn vielleicht sogar zum Guten wenden kann, hat mir immer gefallen.

Großzügigkeit kann auf gesunde Art anstecken. Derjenige, der etwas bekommt, spürt auch, dass es dabei nicht um ein bloßes quid pro quo-Tauschgeschäft geht (ich habe deine Leistung genau gemessen, und hier hast du dein gerechtes Entgelt). Großzügigsein schafft eine heiligere Atmosphäre, ein Gefühl, dass die Welt uns unerwartet segnet, oft auf eine Weise, die wir offensichtlich nicht verdienen. Und das trifft natürlich auf unser ganzes Leben zu.

Wir können auch großzügig sein mit unserem Mitgefühl. Ich habe herausgefunden, dass durch eine ganz leichte Berührung ein kraftvoller Impuls von Güte und Wohlwollen übermittelt werden kann. Die Welt, in der wir leben, ist so entfremdend, dass wir buchstäblich nicht mehr in Berührung miteinander sind. Es hilft schon, wenn wir jemanden konkret wissen lassen, dass er uns wirklich etwas bedeutet. Das schafft ein Gefühl der Zugehörigkeit, ein Gefühl, dass wir Schwestern und Brüder sind in dieser Welt, in unserem gemeinsamen Zuhause.

DER SATZ JESU: »Ihr seid das Licht der Welt« wird oft in einem zu engen Sinn verstanden. Er bedeutet mehr als das Weitergeben einer Lehre, wie erhellend die Botschaft auch sein mag. Für mich heißt er: »Hört zu, dies ist eine dunkle Welt. Wenn ihr leuchtet, erhellt ihr sie ein wenig. Ihr könnt diese Welt ein wenig heller machen. Leuchtet!«

Das mönchische Erlebnis, den Sonnenaufgang mit Dankbarkeit zu begrüßen, wäre für uns alle zugänglich. Wenn die tiefe Dunkelheit des Nachthimmels sich nach und nach erhellt und die Sonne über dem Horizont aufstrahlt, steigt Staunen in uns auf und erfüllt uns mit Bewunderung. Für die meisten von uns ist das allerdings ein seltenes Erlebnis. Wenn wir nicht gerade früh zum Bergsteigen aufstehen oder aus dem Nachtleben heimkommen oder an einer Osterfeier teilnehmen oder einen ganz frühen Flug erreichen müssen, dann versäumen wir meist dieses Wunder. Warum aber sollen wir uns ein solches Erlebnis entgehen lassen?

Sogar in der künstlichsten Umgebung können wir uns auf vielerlei Arten auf den natürlichen Rhythmus des Tages einstimmen. Für die Mönche ist das freilich nicht schwer, denn im Kloster stehen alle früh auf. Man kann sich sogar daran gewöhnen, früh aufzustehen - und die Freude daran ist ein solcher Ansporn! Aber es gibt auch Menschen, die in Familien leben, die morgens gerne früh genug aufstehen, um sich bei Anbruch der Dämmerung ein wenig Zeit zum Meditieren oder zum Beten zu gönnen. Auch wenn es nur wenige Minuten sind, bevor der ganze Trubel beginnt, ist es der Mühe wert. Wenn wir das erst einmal versucht haben, dann merken wir, wie es unseren Tag bereichert. Manchmal geht es nicht einmal darum, früher aufzustehen, sondern nur darum, aufmerksam zu sein.

Wenn du morgens den Bus nimmst oder dich ins Auto setzt, während es noch dunkel ist, dann beginn gar nicht erst damit, dir Sorgen über den kommenden Tag zu machen. Achte nur auf den Augenblick, wenn das Licht aus der Dunkelheit steigt: »Mir wird ein neuer Tag gegeben.« Und damit lädt uns der Engel der Laudes ein zur Überlegung: »Welche Haltung sollte ich diesem Tag entgegenbringen? Wofür ist es Zeit? Zeit, sich zu erheben und zu leuchten.«

Gregorianische Gesänge
SOUNDFILE

Titel | Antiphona III
Beata Dei Genitrix
Psalmus 121 *Laetus sum*
Interpretation | Heinrich Isaac-Ensemble, Karlsruhe
Leitung | Hans-Georg Renner

www.sprachlichter.de/qr/musik-der-stille-03

Prim

BEWUSSTER BEGINN

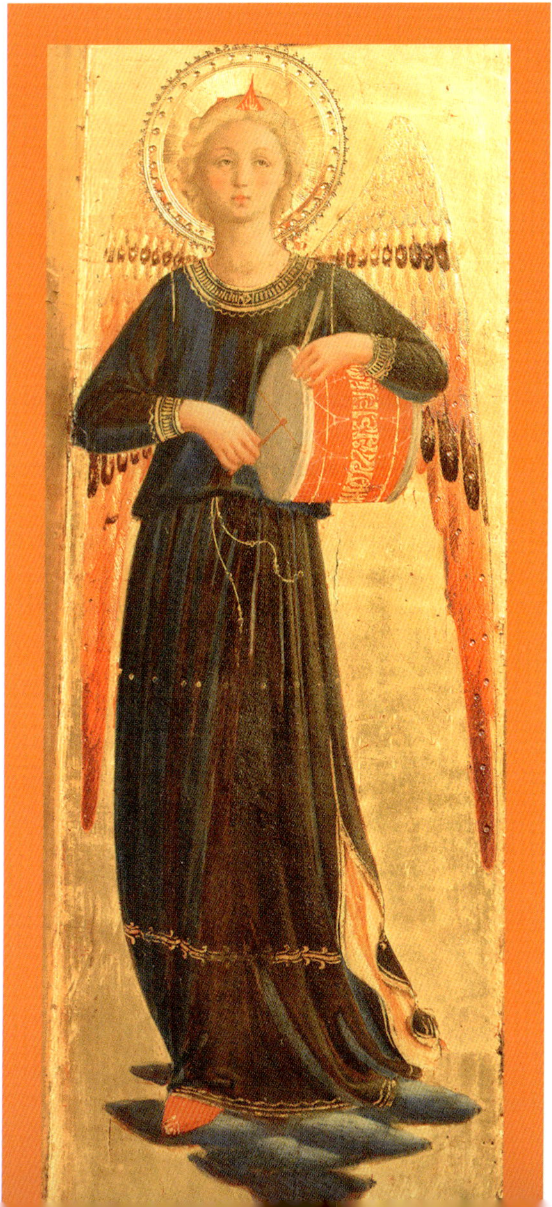

DIE HYMNE DER PRIM beginnt mit den Worten: »Die Sonne ist aufgegangen.« Die ersten beiden Stunden waren eher besinnlich. Jetzt ist die Bühne bereit für die Handlung. Die Prim ist die Stunde der Arbeitsverteilung. Dabei richtet sich das Augenmerk auf einen angemessenen Beginn. Es ist wesentlich, dass die Anforderungen und Beschäftigungen des Tages aus ganzem Herzen und mit Begeisterung angefangen werden.

Der Ort der Prim ist der Kapitelsaal, wo die Mönche zusammenkommen, um die praktischen Fragen der Gemeinschaft zu besprechen. Die Arbeit wird gemeinschaftlich verteilt. Und auch wenn wir Mönche oft tagsüber lange Zeit allein arbeiten, so ist es dennoch eine gemeinsame Arbeit.

Robert Frost drückte dies sehr schön aus, als er sagte, dass Menschen immer zusammenarbeiten, »ob sie gemeinsam arbeiten oder getrennt«. Frost berichtet von einem Landarbeiter, der frühmorgens hinausgeht, um das Heu zu wenden. Der Mäher hatte seine Arbeit bereits viel früher am Morgen getan und war längst weggegangen. Und nun fühlt sich dieser Mann beim Heuwenden etwas verlassen und einsam und sagt sich: »Ich muss allein sein – genauso wie der andere es war. »Wie alle es sein müssen«, so sinniert er in seinem Herzen, ob sie zusammenarbeiten oder getrennt«. Dann aber wird seine Aufmerksamkeit von einem Schmetterling auf ein Blumenbüschel gelenkt, das der Mäher stehengelassen hat, weil es zu schön war, um abgemäht zu werden. Das gemeinsame Erlebnis der Schönheit dieser Blumen bewegt ihn, sich anders zu besinnen: »Und gleichsam träumend unterhielt ich mich brüderlich mit jemandem, den ich nicht einmal in Gedanken zu erreichen hoffte.«

»Menschen arbeiten gemeinsam«, sagte ich ihm von Herzen, »ob sie zusammen arbeiten oder getrennt«. Seine plötzliche Einsicht machte ihm klar, dass Arbeit immer Gemeinschaftsarbeit ist, ob wir das nun erkennen oder nicht. Alle Arbeit ist miteinander verflochten.

Diese Erde ist uns gegeben worden, damit wir mit ihr arbeiten. Wenn wir sie bebauen, erlangen wir ein tieferes Verständnis der göttlichen Wirklichkeit, die jeden Teil der Schöpfung erfüllt. Rilke sagt in einem seiner Gedichte an Gott: »Du wirst nur mit der Tat erfasst«. Das Wort »erfassen« beinhaltet sowohl, etwas in Händen zu halten, zu fassen, als auch mit der Hand in etwas hineinzugreifen, wie beispielsweise beim Formen von Ton. Nur auf diese Weise erfassen wir die göttliche Wirklichkeit.

Manche glauben, dass wir das Göttliche umso mehr erfassen, je weiter wir uns von der Materie entfernen. Der Schöpfungsgeist betont jedoch zu Recht, dass wir das Göttliche im Materiellen entdecken. So wie das Blumenbüschel der Punkt war, an dem der Mäher und der Mann, der das Heu wendete, miteinander in

Berührung kamen, ist die Materie unser Berührungspunkt mit dem Göttlichen.

Im Kloster ist es wichtig, die Arbeit als Herausforderung anzunehmen und nicht nur als eine Haushaltspflicht. Es ist nie dieselbe Aufgabe wie gestern: Heute ist ein neuer Tag, eine neue Herausforderung und eine neue Gelegenheit.

Im Kloster lernen wir, unsere Arbeit zu genießen, während wir sie tun – wir tun sie um ihrer selbst willen und nicht einfach, damit sie getan ist oder damit wir sie erledigt haben. Wir müssen lernen, unserer Neigung zu widerstehen, uns in die Dinge zu stürzen und unsere Beschäftigungen im Eilzugstempo hinter uns zu bringen. Unsere Zivilisation lehrt uns: »Zeit ist Geld«; sie fasst Arbeit als ein notwendiges Übel auf, lediglich ein Mittel zum Zweck. Wir wollen sie hinter uns bringen. Wenn wir die Stunden zusammenzählen, die wir in unserem Leben damit verbracht haben, etwas hinter uns zu bringen, dann macht das wohl leicht die Hälfte unseres Lebens aus. Die mönchische Haltung aber besteht darin, gezielt etwas anzugehen und alles, was wir tun, in einem bedächtigen, gemessenen Tempo und mit voller Aufmerksamkeit zu vollbringen. So arbeiten Handwerkmeister, Weber, erfahrene Bauern und andere verständige Arbeiter. So können auch schwierige Aufgaben gemächlich, freudig und um ihrer selbst willen gelöst werden. Und somit werden sie zu Lebensspendern.

Wenn während der Prim die Arbeit verteilt wird, heißt das zugleich die Arbeit zu segnen als auch sie zuzuweisen. Wir bitten darum, dass Gott unsere Handlungen lenken möge. Wenn wir unsere Arbeit so tun, wird alles zu einem Gebet. Das ist keineswegs eine engstirnige, fromme Anschauung. Um mit Rilke zu sprechen:

»Es gibt im Grunde nur Gebete.« Alles, was wir im Angesicht Gottes tun, ist Gebet. Auf diese Weise werden unsere Hände geheiligt und gesegnet. Sie können nichts schaffen, was nicht betet. »Ob einer malte oder mähte«, fährt der Dichter fort, »schon aus dem Ringen der Geräte entfaltete sich Frömmigkeit.« Wird etwas richtig begonnen und unsere Handlungen mit unseren besten Absichten in Einklang gebracht, dann ist alles, was wir tun, Gebet. Die Prim ist jene Stunde des Tages, in der wir nicht darum beten, etwas hinter uns zu bringen, sondern darum, dass alles, was wir tun, zum Gebet werde.

Alle Experten für Zeitmanagement raten uns, damit zu beginnen, den Tag zu planen. Wenn wir tatsächlich innehalten und uns Zeit nehmen, vorauszudenken und gezielt vorzugehen, dann werden wir die Prioritäten deutlich erkennen und können uns mit Erfolg einsetzen. Die Prim ermöglicht uns, die Gelegenheit wahrzunehmen, im Voraus unser Gewissen zu erforschen und darüber nachzudenken, was wirklich wichtig ist. Wir setzen die Prioritäten, so wie sie unseren innersten

Gefühlen entsprechen. Wir können uns nochmals daran erinnern, was wir gestern Abend zur Komplet aus der Tagesrückschau gelernt haben und was wir besser machen wollten.

Mönche geloben Gehorsam. Gehorsam im klösterlichen Rahmen heißt mehr als zu tun, was einem befohlen wird; das wäre die Art Gehorsam, die ein Hund in der Dressurschule lernt. Wahrer Gehorsam ist vielmehr ein liebendes Hinhören, ein Hinhorchen auf Gottes Wort, das uns jeden Augenblick erreicht, ein Lauschen auf die Botschaft des Engels, der Stunde um Stunde zu uns spricht.

Im Wort »Gehorsam« selbst steckt die Bedeutung des intensiven Hörens. Das Gegenteil dieses Gehorsams ist Absurdität, vom lateinischen *surdus*, taub. Wer nicht gehorcht, nicht hinhorcht auf die gegebene Situation, ist den Herausforderungen und der Bedeutung des Lebens gegenüber taub. Wir haben die Wahl zwischen liebevollem Zuhören oder einem Leben, in dem wir alles absurd, widersinnig finden. Diese Absurdität ist nicht außerhalb von uns, sie ist in uns. Wir sind nur taub, wenn wir nicht gehorsame Zuhörer sind. Wenn wir uns also das nächste Mal bei der Bemerkung ertappen: »Das ist absurd«, so könnten wir uns die hilfreichere Frage stellen: »Wem oder was gegenüber bin ich hier taub?«

Ungehorsam ist weniger ein Unterlassen dessen, was wir nach besserem Wissen tun sollten, als vielmehr, nicht einmal auf das zu hören, was die Situation erfordert und wozu sie uns aufruft. Ein sturer Gehorsam kann ein Nicht-Hinhören sein. Einfach nur die Regeln einzuhalten verdient nicht, wahrer Gehorsam genannt zu werden. Alles, was geschieht, jede Situation, in der wir uns befinden, ob sie uns nun gefällt oder nicht, will uns etwas sagen. Wenn wir richtig darauf antworten, wird es lebensbejahend und lebensspendend für uns und andere sein. Solche Augenblicke sind entscheidend für unseren Charakter. Genau da findet eigentliche Moral statt. In jedem Augenblick haben wir die Wahl, aus ganzem Herzen und echt zu antworten oder uns zu drücken und unser wahres Selbst zu verraten.

Es ist sehr schmerzhaft, mitanzusehen, wie auch kleine Unaufrichtigkeiten nach und nach unsere Seele vergiften. So gibt es Menschen, die in ihrem Leben keine großen Fehler begangen haben, vielleicht war da nur die eine oder andere kleine Lüge, in die sie sich mehr und mehr verstrickten, bis sich ihr Leben in einem schrecklichen Durcheinander befand, das genauso schlimm war, wie wenn sie eine furchtbare Untat begangen hätten. Unsere kleinen Verfehlungen – die kleinen Augenblicke, in denen wir unseren Launen oder trägen Gewohnheiten nachgeben – sammeln sich an und können mehr Schaden anrichten, als wir denken. Es geht hier nicht nur um eine Frage der Moral, unsere eigentliche Lebensfreude hängt davon ab. Wenn wir mit dem Augenblick nachlässig umgehen, hastig, unbehutsam, unbedacht in Wort und Tat, dann wird daraus ein vergeudetes Leben.

Und dennoch, ganz egal, in was wir uns hineinmanövriert haben, genau der jetzige Augenblick kann der Beginn eines neuen Lebens sein. Gott hat uns vergeben, bevor wir überhaupt je Fehler begingen. Wir brauchen nur diese Vergebung anzunehmen und uns selbst zu vergeben, um einen völlig neuen Anfang zu machen. Deshalb ist es von entscheidender Bedeutung für die Qualität unseres Lebens, dass wir jeden Arbeitstag mit bewusster Klarheit und in der besten Absicht beginnen.

DAS GESICHT DES ENGELS DER PRIM leuchtet am hellsten von allen, weil es die Sonne widerspiegelt. Dieser Engel schlägt die Trommel, damit wir uns bereit machen, genauso, wie jemand im Zirkus die Trommel schlägt, ehe der Akrobat in die Luft oder der Löwe durch den Reifen springt. Die Prim ist der Trommelschlag zum Tag.

IN DER PRIM verpflichten wir uns, heute alles so zu tun, als würden wir Kindern beibringen, die Straße zu überqueren: anhalten, hinschauen und dann gehen. Um den Tag richtig gut zu beginnen, ist der erste Schritt: anhalten. Es ist so leicht, sich unverzüglich mitten in irgendetwas hineinzustürzen, das man sich vorgenommen hat, ohne bewusst damit zu beginnen. Jeder bewusste Anfang beginnt mit einem Innehalten, auch wenn es nur für den Bruchteil einer Sekunde ist. Tun wir das nicht, werden wir einfach mitgerissen, wie dies nur allzu oft vorkommt.

Dieser bewusste Beginn findet seinen Ausdruck in den Gesängen, wo alles davon abhängt, im richtigen Zeitpunkt einzusetzen. Um im richtigen Moment einzusetzen, müssen wir zuerst innehalten.

Wenn der Dirigent den Taktstock hebt, verharrt das ganze Orchester einen Augenblick in Stille – danach erst setzt es mit dem ersten Abschlag des Taktstocks ein. Würde der Dirigent einfach aufs Podium steigen und unverzüglich damit beginnen, den Taktstock zu schwingen, könnte nie Musik daraus entstehen, sondern lediglich ein klanglicher Wirrwarr. Dieser Augenblick der Stille, bevor die Musik anhebt, ist auch beim Singen unerlässlich.

Der zweite Schritt ist Hinschauen. Wenn wir nicht hinschauen, dann nützt uns auch das Anhalten nichts. Der Chor muss auf den Kantor schauen und auf sein Zeichen zum Einsatz achten. Bei jeder Tätigkeit ist es wichtig, zunächst auf alles zu achten, was diese Handlung betrifft: Wurde uns diese Aufgabe vielleicht schon früher einmal gestellt? Wie haben wir sie damals gelöst? Was ist uns dabei gelungen? Was haben wir versäumt? So vermeiden wir, den gleichen Fehler allzu oft zu wiederholen.

Es heißt, ein Narr begehe immer wieder denselben Fehler, ein Weiser hingegen jedes Mal einen neuen.

Wir können nicht vermeiden, Fehler zu machen, aber wir können diejenigen vermeiden, die wir schon einmal begangen haben. Dummerweise neigen wir dazu, geflissentlich zu übersehen, was wir nicht sehen wollen. Ehrliches Hinschauen kann aber gelernt werden.

Zum Dritten müssen wir gehen. Es hilft uns nicht, anzuhalten, wenn wir nicht hinschauen, und es nützt nichts, anzuhalten und hinzuschauen, wenn wir nicht auch gehen. Schlussendlich müssen wir handeln. Die drei gehören zusammen, und der Trommelschlag des Engels signalisiert: »Halt an, schau hin, geh voran!« Lass uns aufbrechen.

WENN WIR DEN GEIST DER PRIM in unser Alltagsleben hineintragen wollen, dann halten wir ein und denken daran, dass alles, was wir tun, ein Beitrag zu dem ist, was wir alle tun, wenn es sich überhaupt lohnen soll. Natürlich gibt es Arbeit, die sich eigentlich nicht lohnt. Aber selbst wenn es sich nur um Handgriffe an einem Fließband handelt, dürfen wir doch hoffen, dass sie Menschen irgendwo in der Welt helfen, mit denen wir in Gemeinschaft arbeiten, obwohl wir ihnen nie begegnen werden. Auch dieser Gedanke ist wiederum mit dem Choral verknüpft: Man singt ja gemeinsam mit anderen, und gerade deshalb ist der Gesang so schön. Es ist nicht nur eine Stimme, die singt, sondern da singt eine Gemeinschaft. Und die Gemeinschaft singt nicht einfach nur, sondern sie singt ganz bewusst mit der gesamten Schöpfung, mit den

Vögeln, den Bäumen, dem Wasser und den Engeln, mit der sichtbaren und der unsichtbaren Kreatur.

Die Arbeit frisst uns mit ihren Forderungen auf, wenn wir sie nicht bewusst angehen. Dann werden wir zu Sklaven, ganz egal, wie weit oben auf der Leiter wir stehen! Nur wenn wir lernen, bewusst zu beginnen mit Anhalten, Hinschauen und Vorangehen, kann uns die Arbeit nicht unterjochen. Mönche wenden sich bewusst der Arbeit zu, so wie der Augenblick es erfordert; und sie lassen alles stehen und liegen, wenn die Glocke erklingt. Sie beweisen damit, dass sie nicht dem Gesetz der Arbeit unterstehen, sondern frei sind, sie immer dann loszulassen, wenn die Zeit gekommen ist.

Gehen wir nicht absichtsvoll und achtsam mit unserer Arbeit um, werden wir zu ihrem Sklaven und fühlen uns schließlich entfremdet und leer. Sogar Arbeit, die wir nicht gerne verrichten und für sinnlos halten, kann Sinn gewinnen, wenn wir uns bewusst und oft daran erinnern, warum wir sie tun. Solange wir unsere Arbeit aus Liebe tun für diejenigen, die uns etwas bedeuten, macht sie Sinn. Die Liebe ist der beste Grund für unsere Mühsal. Liebe verwandelt alles, was wir tun und erleiden, zu einer Musik, die sich erhebt und weit hinaufschwingt wie ein Lobgesang.

Gregorianische Gesänge
SOUNDFILE

Titel | Antiphona IV
Virgo prudentissima
Psalmus 126 *Nisi Dominus*
Interpretation | Heinrich Isaac-Ensemble, Karlsruhe
Leitung | Hans-Georg Renner

www.sprachlichter.de/qr/musik-der-stille-04

Terz

SEGEN

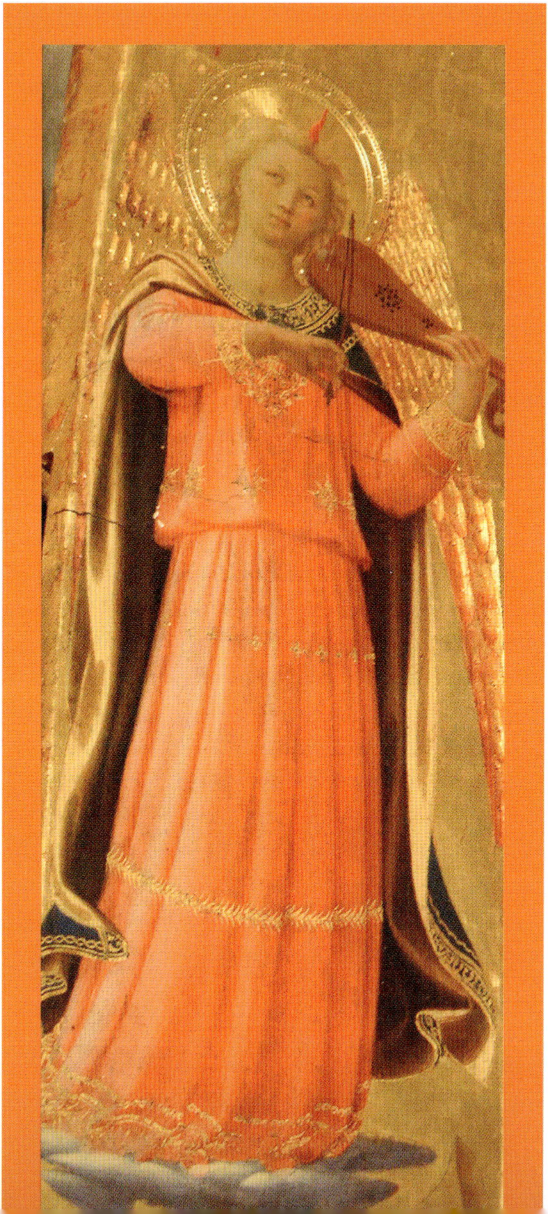

IN DER TERZ FEIERN WIR die dritte Stunde des Tages. Sie ist mitten am Vormittag und eine der sogenannten »kleinen Stunden«, ein Aufrütteln in der morgendlichen Mitte. Etwas respektlos könnte man diese kleine Gebetspause eine mönchische Verschnaufpause nennen. Ihre Kürze bedeutet aber nicht, dass sie von geringer Bedeutung ist.

Zu dieser Tageszeit haben wir bereits einige Stunden gearbeitet oder gelernt. Auch wenn in der Prim Arbeiten verteilt wurden, ist der frühe Morgen im Kloster oft dem Studium gewidmet, es sei denn, dass es im Sommer draußen viel zu tun gibt.

Doch nun, zur dritten Stunde des Tages, steht der Heilige Geist im Zentrum des Gebets. Dieser Segen wird in allen Arbeiten, die wir verrichten, herbeigerufen, das geht aus dem Text der Hymne hervor, die wir zu dieser Stunde singen. Denn die Terz erinnert uns an das Ausgießen des Heiligen Geistes zu Pfingsten. Diejenigen, die zusammenliefen, als der Geist wie ein mächtiger Sturm und mit Feuerflammen herniederfuhr, wurden von Staunen erfasst. Andere klagten die Apostel, die in verschiedenen Zungen redeten, der Trunkenheit an. Vom Geist erfüllt antwortete Petrus wohlgemut: »Diese da sind nicht trunken, wie ihr meint; es ist ja erst die dritte Stunde des Tages« (das heißt, es ist ja erst mitten am Vormittag). In einer der Hymnen ist von der »nüchternen Trunkenheit« die Rede, die diejenigen überkam, die vom Heiligen Geist erfüllt waren.

Wir erleben die Ausgießung des Heiligen Geistes Gottes als Segen. Der Segen ist jener Geist, jener Lebenshauch, jene Lebendigkeit, die wir in dieser Stunde feiern. Der Morgen ist noch jung, unsere Energie auf ihrem Höhepunkt, wir könnten vor Vitalität und Lebensfreude zerspringen. Jetzt ist die Zeit, das Leben hochzuschätzen, das in unseren Adern pocht, und zu erkennen, dass unsere Lebendigkeit der göttliche Lebenshauch in uns ist. Wir sind alle Adam – »Erdlinge« –, in deren Nasen Gott den göttlichen Lebensodem einhaucht. Im 1. Buch Mose, der Genesis, heißt es: »So wurde der Mensch ein lebendes Wesen.« Die körperlichen, geistigen und spirituellen Dimensionen des Lebens sind zwar verschieden, aber nicht voneinander zu trennen.

Wir »leben, bewegen uns und sind«, indem wir an Gottes Leben teilhaben. Letztendlich ist alles Leben alte ursprüngliche Energie, die das Universum in Gang hält. Diese Lebendigkeit fließt als ein Segen in uns hinein und will als Segen aus uns zu anderen fließen. Wir können andere mit einem guten Wort oder einem Lächeln segnen, mit einer freundlichen Tat, die niemand sieht, oder einfach mit einem stillen guten Wunsch. Welche Freude, des Segens gewahr zu werden, jenes besonderen Lebendigseins, das in uns hinein und durch uns hindurchfließt.

Der ursprüngliche Segen ist Leben, ist Atem, ist

Geist. Für uns Menschen heißt das immer mehr als bloß Vitalität. Es bedeutet ein Mehr-als-lebendig-Sein, eine göttliche Vitalität, die unendlich intensiver ist als das Leben der Natur, das wir rings um uns herum sehen. Dass wir am Jetzt teilnehmen, und so über die Zeit hinausgehen können, setzt ewiges Leben voraus. Wir sollten diesen Segen nicht als selbstverständlich hinnehmen. Alles hängt davon ab, dass wir uns seiner bewusst werden und ihn weitergeben.

Herkömmliche Bilder für den Heiligen Geist sind Sturmwind und Lebensatem. Andere Bilder sind Wasser: eine Quelle, ein Fluss oder ein Strom. Der Jordan ist die große Quelle des Segens für das Heilige Land. Er ist die Lebensquelle Palästinas und Israels. Dieser segensreiche Fluss fließt in den See Genezareth, und jeder, der zu irgendeiner Jahreszeit jemals dort war, wird sich daran erinnern, wie paradiesisch die Ufer dieses Sees sind. Doch dann fließt der Jordan aus dem See hinaus und weiter, und ergießt sich schließlich in das Tote Meer. Dieses Gewässer nennt man tot, weil kein Fisch darin leben kann, an den Küsten hat sich Salz abgelagert, dahinter verbrannte Wüste. Der Unterschied zwischen den beiden Gewässern ist der, dass der Jordan in den See Genezareth hinein und wieder hinausfließt: Der Segen fließt hinein, und der Segen fließt hinaus. Ins Tote Meer fließt er hinein und bleibt drinnen. Den ganzen Tag hindurch bekommen wir Segen über Segen. Geben wir diesen Segen jemals weiter? Mit anderen teilen oder tot sein, Paradies oder Wüste: Wir haben die Wahl.

Wenn wir uns bewusst sind, auf wie viele unzählige Arten und Weisen wir im Leben gesegnet sind, dann sind wir wie ein Vermögender, der großzügig ist, ohne Angst zu haben, dass ihm die Mittel je ausgehen werden. Wenn wir, wenn auch nur einige Augenblicke lang, immer wieder üben, auf unseren Atem zu achten, dann können wir bewusst erleben: Jeder Atemzug fließt als Segen in uns hinein; jeder Atemzug fließt als ein Weitergeben dieses Segens wieder hinaus.

Segnen ist Wohlwollen. Wir wissen, dass sogar Pflanzen, denen wir wohlgesinnt sind, besser wachsen. Wenn wir für Kranke beten und ihnen gute Gedanken senden, sind ihre Aussichten auf Genesung besser. Auch gelehrte Untersuchungen haben das nachgewiesen. Das Gebet hat tatsächlich eine heilende Wirkung. Am meisten aber heilt das Gebet die Betenden selbst. Als man C. S. Lewis fragte, ob das Gebet seiner Ansicht nach Gott verändert, meinte er: »Das Gebet verändert nicht Gott, es verändert mich.« Und dadurch, dass es mich verändert, verändert das Gebet die Welt, denn alles hängt mit allem zusammen.

Ich verbinde die Terz immer mit der Klosterküche, weil die Hauptmahlzeit des Tages, das Mittagessen, am Vormittag zubereitet wird. Um diese Zeit herum ist immer jemand in der Küche, und man kann all die freundlichen Küchengeräusche hören: Wie Möhren auf dem Brett gehackt werden, die Kochlöffel und Töpfe klappern, wie Wasser in der Küchenspüle rauscht. Das Essen und seine Zubereitung, die ständige Freigebigkeit der Erde und der Dienst unserer Mitmönche sind ein grundlegender Teil des Segensgefühls, das den Geist dieser Stunde ausmacht. Der heilige Benedikt sagte: »Im Kloster sollten Küchentöpfe und Pfannen so gehalten werden wie die geheiligten Gefäße auf dem Altar.«

Die Klosterküche ist ein außerordentlich wichtiger Ort, und es ist immer eine besondere Ehre für die Mönche, Küchendienst zu haben. Das trifft sowohl in der buddhistischen als auch in der christlichen Überlieferung zu. Das Essen ist ein Segen und die Küche öffnet den Zugang zu diesem Segen. So bekommen die Köche einen besonderen Segen von der ganzen Gemeinschaft, wenn sie ihren Wochendienst antreten. Im Kloster wird immer abwechselnd gekocht – nicht jeder ist ein Meisterkoch oder »Küchenerster« (ich habe es nie zum Küchenersten gebracht), aber jeder wird eingesetzt, zum Gemüse und Früchte rüsten und zerstückeln, zum Brotbacken, zum Abwaschen, Aufräumen und Putzen und so weiter. Die Gartenarbeit, die Ernte und ihre Zubereitung zu Nahrung verbindet uns untereinander und mit der Erde und gehört zu den wesentlichen Segnungen, die wir täglich von Gott empfangen.

OFT GLAUBT MAN, Mönche würden nur Wassersuppe essen; aber Klöster sind auch bekannt für ihre Spezialitäten, ihren Käse, ihr Brot, ihre Früchtekuchen, Bier oder Wein und viele andere Speisen und Getränke. Im Kloster herrscht die Auffassung, dass Brot und Wasser bekömmliches Brot und reines Wasser sein sollten. Wir ehren Gott, indem wir Gottes Gaben ehren, indem wir kultivieren und verfeinern, was uns gegeben ist, und es weitergeben.

Im Kloster werden Zeit und Raum so eingeteilt, dass die Achtsamkeit gefördert wird. Mit Bewusstsein und im Gefühl des Segens Nahrung zuzubereiten und zu essen, ist eine grundlegende Tätigkeit, um die Achtsamkeit in unseren Alltag einzufügen. Unsere Brüder in buddhistischen Klöstern singen: »Unzählige Arbeiten waren nötig, um uns dieses Essen zu bescheren; wir sollten wissen, wodurch es uns geschenkt wurde.« Und sie fahren fort: »Wir wollen uns fragen, ob unsere Tugend und Übung diese Nahrung verdienen.« Wir essen, um dienen zu können; wir ernähren uns, um anderen zu Diensten zu sein und in irgendeiner Form weiterzugeben, was wir bekommen haben.

Wenn wir den Segen des Lebendigseins erkennen, entspringt daraus ganz spontan eine demütige Haltung, ein nützlicher, praktischer Dienst und Sorgfalt in Einzelheiten. Das ist auch etwas, was wir in jeder Lebenslage üben können. Das eine bedingt und fördert das andere: Wenn wir uns liebevoll um Einzelheiten kümmern, die uns so leicht entfallen, während wir uns auf die scheinbar großen Dinge konzentrieren, dann entsteht eine Haltung der Sorgsamkeit und Zärtlichkeit. Wir müssen ohnehin kochen und putzen, also können wir es genauso gut liebevoll und sorgsam tun.

In der Hymne zur Terz zählen wir alle lobpreisenden Organe auf: »Geist, Zunge, die Sinne und die Lebenskraft«, sie alle sollen zum Lobpreis Gottes erklingen.

Manchmal herrscht die verfehlte Auffassung, Spiritualität sei ein vom täglichen Leben getrennter seelischer Bereich, gleichsam der Dachgarten des inneren Lebens. Richtig verstanden ist sie aber ein lebendiges Gewahrsein, das alle Bereiche unseres Daseins durchzieht. So hört man etwa: »Ich lebe erst richtig, wenn ich Musik höre.« Oder: »Ich lebe nur auf, wenn ich im Garten arbeite.« Oder: »Ich lebe nur wirklich, wenn ich Golf spiele.«

In dem Bereich, wo wir »aufleben«, sind wir spirituell. Somit können wir sagen: »Wenigstens weiß ich, wie man in diesem Bereich spirituell ist.« In allen Bereichen unseres Lebens lebendig, wach und bewusst zu sein, ist die Aufgabe, die nie vollendet ist, sondern immer Ziel bleibt. Da wir alle – zumindest in einem Bereich – wissen, was Lebendigsein heißt, haben wir auch eine Ahnung, was es bedeuten muss, wenn in unserem ganzen Leben die Flamme des Heiligen Geistes lodert.

DER ENGEL DER TERZ spielt ein Tanzinstrument und drückt die Freude aus, mit Leben gesegnet zu sein. Alle Fra Angelico-Engel haben ein heiteres Gesicht, doch dieser scheint in freudigem Überschwang zu lächeln. Wie bei den anderen Engeln ist sein Blick eher nach innen als nach außen gewandt. Er bringt eine Verwurzelung in einer tieferen Wirklichkeit zum Ausdruck, jene wahre Achtsamkeit, um die es eigentlich geht. Auch ist der Blick des Engels voller Liebreiz; diese Stunde ist süß und zart. Wie bei den anderen Engelbildern schwebt auch über dem Haupt dieses Engels eine Flamme und zeigt die Kraft des Heiligen Geistes an, die machtvoll und zart erleuchtet und erwärmt. Lebhaftigkeit und Feinheit kennzeichnen diese Stunde des Heiligen Geistes. Es ist die Zeit, die Lebensfreude begeistert zu feiern und dabei doch zart und fürsorglich zu bleiben. Segen verbindet mit der Unermesslichkeit des unendlichen Geistes und gibt uns das Gefühl eines innigen Berührtseins durch die Liebe Gottes. Der Geist ist Energie und Fürsorge zugleich. Beides ist wichtig. So kann man sich mitten in einem Gewitter hellwach fühlen und erschauern, aber ein ähnliches Gefühl kann uns auch überkommen, wenn ein Kind uns anlächelt.

Der Geist in uns ist unsere Stärke. Diese Stärke äußert sich in Tatkraft, aber auch in Zartheit. Nur wer stark ist, kann wirklich zart sein, sonst geht es nur um Schwachheit oder Sentimentalität.

Der Engel der Terz ist der Bote, der uns zur Begeisterung aufruft, der im wörtlichen Sinne dazu aufruft, von Gottes Geist erfüllt und inspiriert zu sein. Wenn wir im erhebenden Gesang der Terz und in einer kurzen Meditation über den Segen des Lebendigseins diese Begeisterung in uns aufsaugen und danach mit anderen teilen, kann der Tag eine ganz neue Lebendigkeit und Wärme erhalten.

In der Terz beten wir, dass dieses Feuer, dieser Lebenshauch des Heiligen Geistes unser Herz entflammen möge. Wir beten, dass dieses Feuer auch in der Welt verbreitet werde, im Sinne der Worte Jesu: »Ich bin gekommen, Feuer auf die Erde zu werfen, und wie wünschte ich, dass es schon entfacht wäre!« Terz ist die Zeit, die feurige Begeisterung des göttlichen Lebens in uns auf die Welt, in der wir leben, ausstrahlen zu lassen. Es ist leicht, über Leute zu lächeln, die Redewendungen verwenden wie »Dank sei Gott« und »so Gott will« und »selig sei dies und das«. Oft ist dies aber ein Zeichen eines einfältigen und innigen Bewusstseins, dass das Leben geschenkt ist und sie Teil einer gotterfüllten Welt sind. Wir wissen ja, dass die einfachen Gläubigen und nicht die Theologen mit ihren Spekulationen tiefer Spiritualität am nächsten stehen.

Unser Unbehagen in der Welt, die wir uns geschaffen haben, spricht von unserer Sehnsucht, am Strom der Gnaden teilzuhaben, Gottes Geist in einer wahren Begeisterung zu erleben und zu spüren, dass Lebensfreude mehr ist als ein flüchtiges Gefühl. Der Gregorianische Gesang ist die Musik, die unsere Verbindung zum Ganzen ausdrückt. Er sagt uns, dass wir letztlich nicht verwaist und entfremdet sind. Der Geist des Universums belebt unseren Leib und fließt als Gesang aus unserem Mund.

IN JEDER LEBENSLAGE können wir Gebetspausen in unseren Alltag einbauen, die uns mit dem Geist verbinden. Sie brauchen nicht zehn Minuten zu dauern, auch zehn Sekunden können schon hilfreich sein. Ich habe zwei Schwestern gekannt, deren Standuhr jede Viertelstunde schlug. Jedes Mal, wenn die Uhr schlug, sagte die eine: »Denk an Gottes Gegenwart«, und die andere antwortete: »und sei allzeit dankbar.« Es ist so einfach, sich ein paar Mal am Tag oder jeweils zur vollen Stunde daran zu erinnern, dass wir in Gottes Gegenwart stehen. Der heilige Benedikt betonte, dass ebendies das Wesen des Gebets ausmacht. Drum freue ich mich immer, wenn ich in Europa die Kirchenglocken höre. Sie tauchen die ganze Landschaft in klösterliche Schwingungen.

Die innere Haltung der Terz ist jedem von uns jederzeit zugänglich. Sie besteht darin, einfach einige Augenblicke lang innezuhalten und sich der Macht der Liebe zu öffnen, die das Universum in Gang hält. Ihr Wesen ist still sein und segnen, innehalten und danken. Halte ein und segne. Halte ein und danke. Nimm die Gaben deines Lebens freudig an und teile sie mit anderen.

Gregorianische Gesänge
SOUNDFILE

Titel | Capitulum (Eccl. 24)
Responsorium *Beata progenies*
Interpretation | Heinrich Isaac-Ensemble, Karlsruhe
Leitung | Hans-Georg Renner

www.sprachlichter.de/qr/musik-der-stille-05

Sext

INBRUNST UND HINGABE

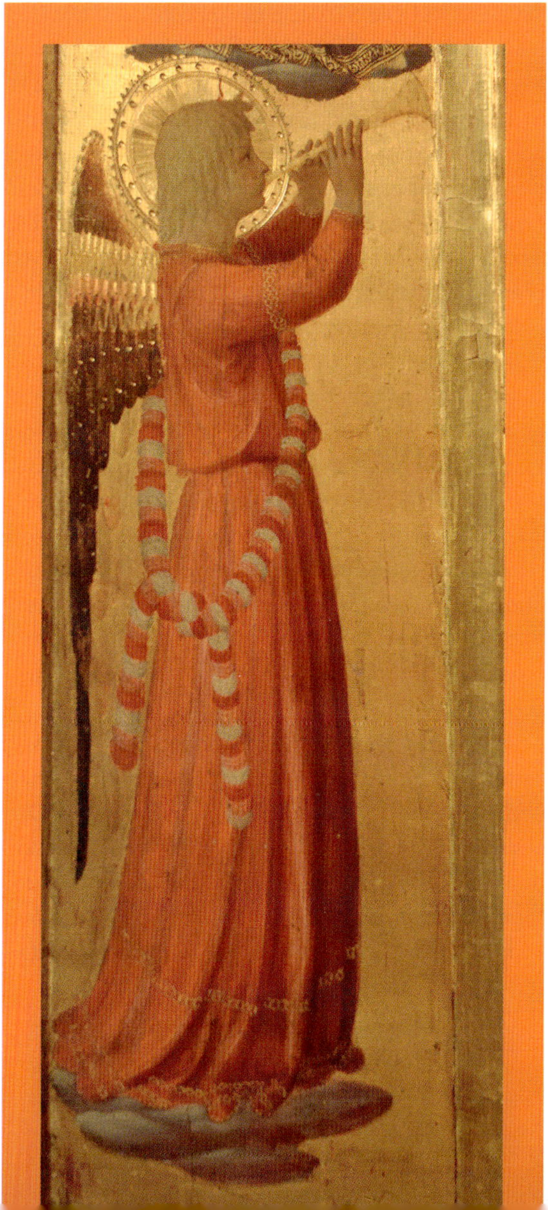

DIE SEXT IST DIE STUNDE der Inbrunst und der Hingabe, aber auch die Stunde der Versuchung, faul zu sein und müßig und der Bedrückung nachzugeben. Es ist sowohl die Stunde des Mittagsteufels als auch die des Engels der Intensität. (Inbrunst ist zwar kein modernes Wort, aber es kommt mir hier auf das innere Feuer an, das in seiner Bedeutung mitschwingt.) Die Sext liegt in der Mitte des Tages, in der Mitte von allem. Sie ist die Mitte unseres täglichen Lebens, die Zeit der Möglichkeiten und die Zeit der Krisen.

Am Mittag steht die Sonne am höchsten und strahlt so hell wie eine schmetternde Trompete. Zugleich ist es auch die Zeit der großen Mittagsstille. Sogar die Vögel schweigen. Oft sind nur das Summen der Bienen und das Surren der Fliegen zu hören. An diesem Wendepunkt der Zeit entscheiden wir über das Schicksal unseres Tages und im übertragenen Sinne auch über unser Lebensschicksal. Erneuern wir unsere Begeisterung und unsere Hingabe, oder lassen wir zu, dass die Kräfte der Langeweile an unserer Entschlossenheit zehren?

Am Mittag läutet es zum Angelus. Die Glocken läuten, wenn der Tag seinen Höhepunkt erreicht hat, und zu diesem Zeitpunkt beten wir den Angelus. Dieses Gebet ist nach den ersten Worten der Verkündigung im Lukas-Evangelium benannt »Der Engel des Herrn brachte Maria die Botschaft und sie empfing vom Heiligen Geist.« In dem Bild der Gottesmutterschaft Marias feiern wir den Einbruch der Ewigkeit in die Zeit. Und genau das verkündigt eigentlich jeder Engel: dass das Ewige jetzt in unsere Zeit einbricht.

Mittags einen Augenblick lang zur Besinnung innezuhalten, ist ein spontanes Bedürfnis des menschlichen Bewusstseins. Da erinnere ich mich an die Weihe von Tetsugen Glassman Sensei zum Abt des Riverside Zendo in New York. Es war eine großartige Feier; aus dem ganzen Land waren Zen-Lehrer zusammengekommen, um diesen Anlass zu würdigen, und der Raum war voll von Kerzen und Weihrauch, weißen Chrysanthemen und schwarz-goldenen Brokatgewändern. Mitten in den Feierlichkeiten ertönte plötzlich das Piepsen einer Armbanduhr. Alle sahen sich verstohlen an, um festzustellen, welchem Pechvogel das passiert sein mochte, denn eigentlich sollte man im Zendo überhaupt keine Armbanduhr tragen. Zum allseitigen Erstaunen unterbrach der neue Abt selbst die Zeremonie und sagte: »Das war meine Armbanduhr, und es war kein Versehen. Ich habe ein Gelübde abgelegt, am Mittag innezuhalten, ganz gleich womit ich auch beschäftigt sein möge, um Gedanken des Friedens in die Welt zu senden.« Dann lud er alle Anwesenden ein, dies mit ihm gemeinsam zu tun.

Dieser Zwischenfall erinnerte mich daran, dass die Angelusglocken eigentlich ursprünglich dazu vorgesehen waren, zum Gebet für den Frieden einzuladen. Im Kloster waren es die Glocken, die zur Sext riefen, aber sie luden auch alle Dorfbewohner ein, für den Frieden zu beten. Wo immer sich Menschen aufhielten, in den Feldern oder bei ihrer Arbeit, in ihren Geschäften oder zu Hause, wenn sie die Glocken zum Angelus hörten, unterbrachen sie ihre Arbeit und beteten. Das war auch bei den Morgen- und Abendglocken der Fall, aber die Mittagsglocken waren eine spezielle Einladung, für den Frieden zu beten und sich zu verpflichten, andere liebevoll zu behandeln.

Ich habe diese Geschichte der Abteinsetzung oft erzählt und immer festgestellt, dass viele gerne mithelfen wollen, diesen Brauch wieder aufleben zu lassen. Schon jetzt beten Menschen auf der ganzen Welt zur Mittagszeit für den Frieden, wie wir es im Kloster seit Jahrhunderten getan haben. Wie schön wäre es, wenn mittags im Radio und Fernsehen Glocken und Geläute von Heiligtümern zu hören wären, die allerorts den Frieden verkünden.

IN KLÖSTERN, in denen nur eine Mahlzeit am Tag gemeinsam eingenommen wird, findet die Hauptmahlzeit mittags statt. Eine gemeinsame Mahlzeit ist im Kloster immer eine Feier. Sogar Einsiedlern, die alleine außerhalb des Klosters leben, wird ans Herz gelegt, ihre Mahlzeiten sorgsam und bewusst zu sich zu nehmen: »Schnapp' dir nicht einfach etwas zu essen«, werden wir ermahnt, »deck' den Tisch, stell' ein paar Blumen oder eine Kerze darauf, und mach' ein Festmahl daraus, selbst wenn es ganz bescheiden ist.«

Auch wenn wir vielleicht ganz alleine essen, so stehen wir dennoch mit allen in Verbindung. Essen ist immer eine Kommunion, eine Feier mit allen, die dafür gearbeitet haben, dieses Essen bis zu uns zu bringen, mit allen Kreaturen, die gelebt haben und gestorben sind, um uns dieses Essen zu ermöglichen, und mit allen anderen, die auf dieser Erde essen. Es ist eine symbolische Teilnahme am Hochzeitsmahl, das auch das Hochzeitsmahl der Ewigkeit ist. So kommen die Mönche gewöhnlich feierlich hintereinander aus dem Sext-Gottesdienst zum Mittagsmahl ins Kloster. Manchmal beten sie unterwegs einen Psalm, und sprechen dann ein Dankgebet für die Nahrung, bevor sie sich zum Essen hinsetzen. Mönche essen gewöhnlich schweigend, dabei liest einer den anderen aus einem erbaulichen Buch vor. Dieser wunderschöne Brauch wird in vielen Klöstern noch heute gepflegt, und so werden viele Bücher gemeinsam gelesen.

Nicht zu trennen von der Sext ist im Kloster der Brauch, einander zur Essenszeit zuzudienen. Immer bedienen einige Mönche bei Tisch und bringen das Essen, und die anderen Mönche werden nach der Regel des heiligen Benedikt ermahnt, nicht um etwas zu bitten, was sie etwa selbst gerne hätten, sondern immer darauf zu achten, was ein Nachbar braucht. (Da gibt es diese bekannte Geschichte von dem Mönch, der seine Suppe isst und sieht, dass eine Maus in seinen Napf gefallen ist. Was soll er nun tun? Er soll auf die Bedürfnisse seines Nachbarn und nicht auf seine eigenen achten. So behilft er sich denn damit, den bedienenden Mönch zu rufen und ihn darauf hinzuweisen: »Mein Nachbar hat keine Maus.«)

Die bedienenden Mönche wechseln jede Woche ab und werden mit einem besonderen Segen gestärkt, den sie zur Sext am Sonntag vor und nach ihrer Dienstwoche bekommen. Jeder bedient, auch der Abt. Am Donnerstag der Karwoche, als Jesus selbst seinen Jüngern diente, wäscht der Abt den Mönchen die Füße. Das geschieht gewöhnlich in der Kirche und wird mit der Gründonnerstagsliturgie verbunden, aber in einigen Klöstern findet die Handlung auch im Refektorium statt. Im Englischen klingt in »Maundy Thursday« (Gründonnerstag) das »Mandat« zur Fußwaschung noch an, das Geheiß, das Jesus Christus seinen Jüngern an diesem Tage gab, als er sagte: »Ich aber bin in eurer Mitte wie einer, der dient.« So sollten die Bedeutendsten unter uns demnach die Diener aller sein. Die Idee des Dienens ist bei jeder Mahlzeit vorrangig.

DER MITTAGSENGEL IST der einzige, der im Profil abgebildet ist. Es ist die Zeit des Übergangs, die zum zweiten Teil des Tages überleitet. Der Engel bläst die Trompete aus voller Brust und mit aufgeblähten Wangen. Diese Stunde rüttelt uns auf, Mut zu fassen, damit wir durchhalten und unseren Idealen bis zum Ende des Tages treu bleiben.

Wenn wir zur Mittagsstunde schwach werden und unsere Entschlossenheit nachlässt, dann wird diese Stunde zum Anruf der freizügig geschenkten Liebe Gottes an uns. Auf unsere bedrückten mittäglichen Fragen: »Warum bin ich so einsam?«, »Ist das Universum willkürlich und gleichgültig?«, »Was soll das Ganze?« bekommen wir die überzeugende Antwort, dass die höchste Wirklichkeit, die uns umgibt, für uns Sorge trägt, wie uns die mütterliche Liebe umhegt.

Die Antwort auf die existenzielle Frage »Wer bin ich?« lautet letztendlich »Ich werde geliebt.«

Das Gebet ist keine Bestellung, die wir aufgeben und von der wir erwarten können, dass sie ausgeführt wird. Das Gebet heißt, sich auf das Leben der Welt, auf die Liebe einzustimmen, auf die Kraft, die Sonne, Mond und die Sterne bewegt. Wir können unser Herz dem TAO des Alls verschließen. Wenn wir das tun, reißen Entfremdung und Friedlosigkeit die Welt auseinander. Wenn wir uns aber auf den Lebensfluss und auf unseren Lebensatem einstimmen, gelingt es uns, sogar in einer entfremdeten und zerrissenen Welt friedlich zu leben. Daraus entspringt unser persönlicher Beitrag zu einer friedlichen Welt. Im selben Maß wird auch die Welt friedlicher. Gott wirkt in uns und durch uns. Und wie ich bereits sagte, geht es nicht darum, was unser Gebet bei Gott bewirkt, sondern wie wir selbst durch die Begegnung mit Gott im Gebet verändert werden.

Die Macht, die Gott ausübt, ist die Macht der Liebe, und diese ist eine sehr verletzliche Macht. Paradoxerweise ist es eigentlich die Macht der Schwäche. In den Gesängen ist diese Macht tatsächlich hörbar. Es ist keineswegs die Macht einer erdrückenden Gewalt, sondern eine Macht der Wahrheit, und diese ist äußerst verletzlich.

Für den Frieden beten setzt den Glauben voraus, dass der Frieden bei uns beginnt und dass wir uns auf Friedfertigkeit einstimmen. Der Friede wird in der christlichen Tradition als *tranquillitas ordinis* verstanden, als Ruhe der Ordnung, eine Ruhe, die mit Harmonie einhergeht. Und Ordnung heißt, die Dinge so anzuordnen, dass ein jedes dem andern seinen richtigen Platz lässt. Sogar Gott muss das tun. Im Judentum sagt man, dass Gott zurücktreten musste, um die Welt zu erschaffen.

Im Gebet sind auch eine Notwendigkeit und eine Begeisterung. Denn im Kern ist es der Ausdruck der Liebe, ein Mitteilen von Gefühlen der Freude, der Hochachtung, der Bewunderung. Letzten Endes gibt es dort, wo Liebe ist, eigentlich nur Gebet. Wenn wir das Herz am rechten Fleck haben und es vor Liebe überfließt, wird alles zum Gebet.

DIE SEXT IST mit der Stille und dem Frieden des Mittags verbunden, aber sie lenkt den Blick auch auf Krisen und Gefahr. Eine Krise ist immer eine Läuterung, wenn wir sie richtig verstehen. Das Wort »Krise«

selbst geht auf eine Wurzel zurück, die »aussieben« bedeutet. Die Krise ist ein Trennen, ein Aussieben dessen, was machbar ist und über das hinausführt, was tot ist und zurückgelassen werden muss.

In persönlichen Krisen sind immer drei Elemente enthalten: Das erste ist die Einsicht, dass es so nicht weitergehen kann, wir stehen vor einer Wand. Dann kommt die Einsicht, dass wir Ballast abwerfen müssen, wenn wir weiterkommen wollen. Die dritte und wichtigste Einsicht in diesem Prozess ist, dass wir innere Führung brauchen. Es kommt darauf an, zu erspüren, was es ist, das wir abwerfen müssen, um dieses scheinbar unbezwingliche Hindernis zu überwinden. Letztlich müssen und dürfen wir uns dann von jener segensreichen Lebenskraft leiten lassen, die immer in uns fließt, auch wenn wir uns dessen nicht bewusst sind. Wenn wir uns in unserer Hilflosigkeit vertrauend öffnen und fragen: »Was kann mich jetzt führen? Ich bin hilflos, aber ich vertraue darauf, dass es eine Führung gibt«, dann bekommen wir immer Antwort. Manchmal bekommen wir unerwartete Wegweisungen: Wir lesen etwas, was genau auf unsere Situation zuzutreffen scheint, oder wir begegnen jemandem, der genau das richtige Wort für uns hat. Manchmal findet die Neuausrichtung auch völlig innerlich statt, durch einen Traum oder eine unerwartete Einsicht. Auch ein glücklicher Zufall kann uns helfen. Ganz plötzlich wird uns die Weisung, die wir brauchen, geschenkt. Was wir in die

Krise einbringen müssen, ist Vertrauen. Und ein vertrauensvolles Warten ist eine wahrhaft innige Form des Betens.

Dies ist eine wesentliche Botschaft der Sext: Wir müssen den Krisen ins Auge schauen und Herausforderungen annehmen. Die Sext fällt in eine Zeit, in der unsere guten Vorsätze und unsere Begeisterung manchmal nachlassen. Jeder hat seine eigene Version des *Mittagsteufels*. In der jüdischen Überlieferung wird gelehrt, dass man einfach tun soll, was einem aufgetragen ist, auch wenn einem nicht danach ist. Sag das Gebet, führe die Mizwa, das Gebot, aus. Mit der Zeit wird dein Gefühl sich dem, was du tust, angleichen. Wir wissen beispielsweise, dass eine wirkliche Hilfe in Depressionen – für die der Mittagsteufel ein Symbol ist – darin besteht, einfach in Bewegung zu bleiben: Mach einfach weiter, was du tun sollst, ob es dir gefällt oder nicht, ob dir danach ist oder nicht.

Der Mittagsteufel ist die Stimme der Negativität, der Verzweiflung und der Depression. Sein Gegenspieler, der ihm entgegengesetzte Engel, ist die Freude. Das Gegenteil von Freude ist nicht die Traurigkeit, sondern die Faulheit, welche die Mühe scheut, auf den geschenkten Augenblick voll und ganz zu antworten, und die Trübsinnigkeit, die daraus entspringt.

Die Gregorianischen Gesänge erinnern uns daran, dass Leid – etwa Kummer über einen Schicksalsschlag, den Tod eines Kindes, das Ende einer Freundschaft, eine große Enttäuschung – mit Freude doch letztlich vereinbar ist. Sie können inmitten der Freude tieftraurig klingen, niemals aber trübsinnig. In vielen Gesängen ertönen Psalmen, die alle Wechselfälle des Lebens umfassen. Trotzdem schleicht sich nie Verzagtheit ein, weil diese Musik im tiefsten Glauben wurzelt.

Gregorianische Gesänge
SOUNDFILE

Titel | Hymnus *Ave maris stella*
Versiculum *Nativitas est hodie*
Interpretation | Heinrich Isaac-Ensemble, Karlsruhe
Leitung | Hans-Georg Renner

www.sprachlichter.de/qr/musik-der-stille-06

Non

DIE SCHATTEN WERDEN LÄNGER

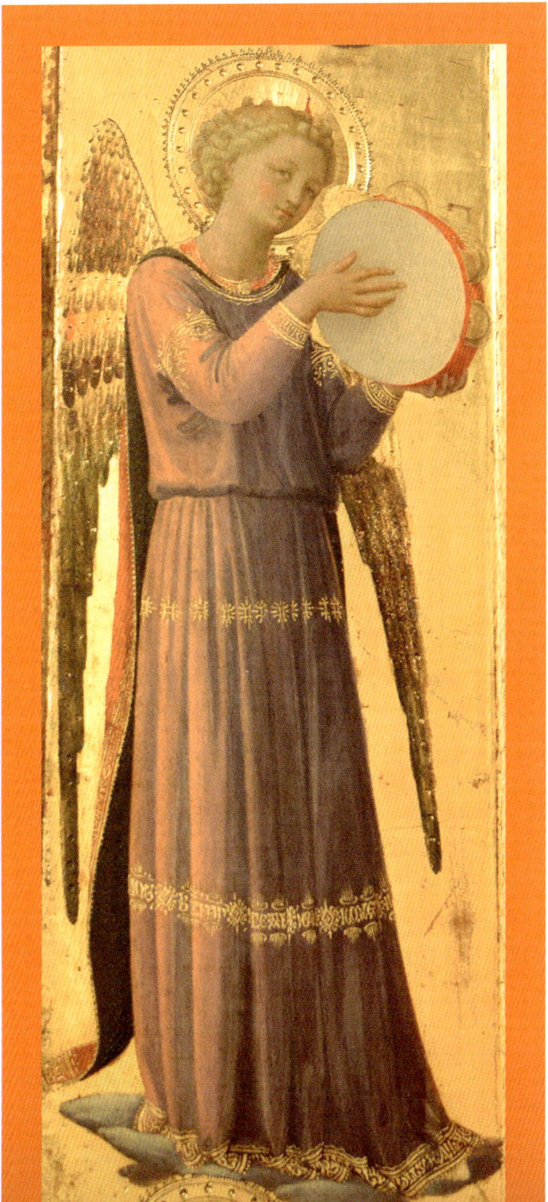

DIE NON IST DIE STUNDE am späteren Nachmittag, wenn der Tag sich zu neigen beginnt und die Schatten länger werden. Es liegt im Wesen der Natur, dass mit dem vergehenden Tag Beklommenheit aufkommt und dass man Gottes Stärke sucht, wenn das Licht langsam abnimmt.

Wir sind dem zunehmenden und jetzt dem abnehmenden Licht durch den Tagesrhythmus hindurch gefolgt. Der Tag begann in der Dunkelheit, dann brach das Licht hindurch, erreichte mittags seinen Höhepunkt, und jetzt befinden wir uns in der abnehmenden Hälfte. Es ist eine Zeit, in der wir dem Verfall, den Enttäuschungen, dem kleinen Tod eines jeden Tages, der vergeht, gegenüberstehen.

»Der Tag neigt sich dem Abend zu«, heißt es in der Hymne zu dieser Stunde der Non, und ihre Gesänge haben einen Beiklang von Gelassenheit, auch wenn sie sich sonst gar nicht so sehr von denjenigen der anderen Stunden unterscheiden.

Früher am Tag schwangen Kraft und Begeisterung mit, doch mit der Non begegnen wir der Wirklichkeit, dass im Menschenleben nichts für immer währt. Wie gehen wir mit der Tatsache um, dass wir etwas nicht ewig behalten können? Wie gehen wir mit der unausweichlichen Unbeständigkeit des Lebens um? Genau das ist die Frage dieser Stunde.

Wie die Zeit verblasst und allmählich schwindet, wird uns bewusst, wenn wir sehen, wie die Schatten länger werden. »Dein Glanz, o Herr, erstrahle uns«, singen wir und wenden uns an den Einen, der unverändert bleibt durch »Zeit und Ewigkeit«.

Die Botschaft dieses Engels lautet, dass Tod und Vergänglichkeit Teil des Lebens sind. Wir müssen uns mit etwas Transzendentem jenseits der Zeit verbinden, weil die zeitlichen Dinge vergehen. Und jetzt, wenn die Dinge, auf die wir uns im Laufe des Tages möglicherweise verlassen haben, versagen und in ihrer Vergänglichkeit erkennbar sind, wenden wir uns dem zu, das von Dauer ist.

Die Gesänge verkörpern sowohl die Vergänglichkeit als auch Dauerhaftigkeit. Keine Note klingt länger an als etwa eine Sekunde. Die Gesänge sind Bewegung und Veränderung. Dennoch vermitteln die ununterbrochenen Gesänge durch alle rhythmischen und melodischen Wechsel hindurch eine Qualität von Dauerhaftigkeit und Zeitlosigkeit.

DER RAUM, der im Kloster mit der Non verbunden wird, ist die Mönchszelle. In vielen Sprüchen der Kirchenväter ist die Zelle das Paradies, der Ort des Friedens. Aber die Zelle ist auch der Ort, wo man allein ist mit sich selbst und sich gegenübersteht. Die schützende Gegenwart Gottes wird durch die Gesänge, Gebete und Meditationen den Tag hindurch verstärkt, und dennoch muss man sich selbst begegnen, seine Schwächen erkennen und sich und anderen angesichts der grenzenlosen Vergebung Gottes vergeben.

Die Mönchszelle ist ein Ort der Vergebung. Sie ist der Ort, wo wir der Realität entgegentreten und Frieden schließen.

In einem gewissen Sinn ist das Zuhause im Kloster letztlich die eigene Zelle, das unausweichliche Symbol der Wahrheit, in der wir auf sehr reale Weise »allein mit dem All-einen« sind. Die bescheidene Einzelzelle sagt uns, dass jeder allein vor Gott steht. Tief in unserem Herzen sind wir mit dem All-einen allein. Auf geheimnisvolle Weise kann das Wort »alleine« auch als das »All-eine« gelesen werden. Wenn wir unserem Alleinsein ins Auge schauen, wenn wir Gott im Innersten unseres Herzens gegenübertreten, dann sind wir mit allem verbunden, genauso wie die einzelnen Zellen in einem Kloster sich alle aneinanderreihen.

Das Alleinsein in der Zelle legt auch das Alleinsein im Tod nahe. In dieser Nachmittagsstunde, wenn die Schatten länger werden, erinnern wir uns an den Tod. Tatsächlich beten wir täglich in dieser Stunde um einen heiligen, friedlichen Tod, um einen Tod, der unser Leben erst vollendet. Für viele heutige Menschen ist das ein wichtiges Anliegen: ein würdevoller Tod, ein Tod, der den Kreis unseres Lebens schließt und ein vollständiges Ganzes daraus macht, und nicht bloß Auflösung ist.

Wir befürchten, dass der Tod uns wie ein Dieb in der Nacht überfällt, bevor wir überhaupt Gelegenheit hatten zu leben. Diese Furcht ist dann am größten, wenn wir nicht im Augenblick leben. Wenn wir nicht herausfinden, wie wir im Jetzt leben können, ängstigt uns der Tod, weil wir in unserem Leben nie richtig da waren. Wir haben es verpasst, und jetzt ist es plötzlich vorbei.

Je intensiver wir leben, desto leichter ist es, loszulassen und zu sterben. Mönche lernen, sich den Tod jederzeit vor Augen zu halten. An den Tod zu denken, heißt nicht, sich ständig mit dem Tod zu beschäftigen. Es heißt, dass hier und jetzt Gelegenheit ist, uns mit dem Leben zu beschäftigen. Carlos Castaneda berichtet in einem seiner Bücher, dass Don Juan zu ihm sagte: »Du bist so launisch, und du bist nicht wirklich lebensfroh, weil der Tod nicht dein Berater ist. Du glaubst, dass du ewig leben wirst.«

Wenn wir uns eingestehen, dass jeder Tag ein Ende hat, dass jedes Leben ein Ende hat, so heißt das, dass wir der Aufforderung nachkommen, die Gelegenheit beim Schopf zu packen und etwas aus diesem Tag, aus diesem Leben zu machen. Wenn wir etwas aus dem Tag gemacht haben, werden wir auch loslassen können. Je mehr wir uns einem Urlaub oder einem Wochenende an einem schönen Ort hingeben, desto eher sind wir bereit, wieder fortzugehen, wenn es Zeit ist, und uns dann erfrischt wieder unserem Alltagsleben zu widmen.

Der zeitgenössische Theologe John Dunne sieht in jeder Wahl, die wir zur Gestaltung unseres Lebens treffen, immer eine Antwort auf das Problem des Todes. Er drückt dies so aus: »Wenn es eine Tatsache ist, dass wir sterben müssen, wie befriedigen wir dann unser Verlangen nach Leben?« Das Leben im Kloster ist eine von vielen Möglichkeiten, dieses Verlangen nach Leben so zu befriedigen, indem wir jeden Augenblick des Tages lebendig sind. Jedes Mal, wenn wir an unsere Sterblichkeit denken, wird die Wahrscheinlichkeit größer, dass wir dann das tun, was uns wirklich glücklich macht und erfüllt.

Jeder kann diese ernüchternde und dennoch belebende Erfahrung machen, wenn er dem Vergehen des Tages ins Auge schaut und die Tatsache, dass seine Tage gezählt sind, wahrnimmt. Manche richten sich zu Hause eine Ecke – einen Altar oder eine Meditationsnische – ein, wo sie ihren Tag und ihr Leben in einem größeren Zusammenhang betrachten können. Wir alle brauchen eine Zelle, einen gesonderten Ort, um uns der Wirklichkeit zu stellen.

DER ENGEL DIESER STUNDE vermittelt mit seinem blass violetten Gewand und den dunklen Flügeln die süße Melancholie dieser Tageszeit, und fast scheint er den Klang der Schellentrommel abschwächen zu wollen, nachdem er sie kräftig geschüttelt hat. Der Blick des Engels wendet sich nach innen und erinnert uns daran, dass die Non die Zeit ist, sich zu verinnerlichen. Nach all den äußerlichen Bewegungen tagsüber mit seinen vielfältigen Beschäftigungen kehrt der Tag wieder in sich zurück, so wie die Hand des Engels sanft den Klang seines Instrumentes dämpft. Doch während er seinem Tamburin und den Klängen der Musik und des Tanzes Einhalt gebietet, lauscht der Engel der Non andächtig jener Musik, die niemals aufhört, jener inneren Musik: der Musik der Stille.

DIE TUGEND DER NON ist Vergebung. Am Abend bringt Gott alles heim. Das ist die Zeit, wenn unsere Schwächen Vergebung finden und wir dazu ermutigt werden, uns und anderen zu vergeben.

Es gibt verschiedene Formen des Gebens, die den verschiedenen Stunden des Tages entsprechen. Zuerst ist da das Aufgeben in dem Sinn, dass wir die Arbeit unserer Hände hingeben. Das ist offensichtlich eine lebensspendende Form des Gebens. Zur Hingabe gehört auch immer, dass wir Schritt halten, unseren Teil der Abmachungen einhalten und unseren Verpflichtungen nachkommen. Dazu haben wir uns in der Prim verpflichtet, zu dieser Sorgfalt, die mit der Hingabe einhergeht.

In Besitz nehmen ist das Gegenteil von Hingabe. In Besitz nehmen bedeutet wörtlich auf etwas sitzen und ist in gewissem Sinne ein erdrückender Akt: Wenn du lange genug auf etwas sitzt, dann geht es zugrunde. Hingabe und Fürsorge hingegen sind jene Gebärden, die Eltern ihr Leben lang auszeichnen: Zuerst wird ein Kind körperlich losgelassen, um ihm das Leben zu ermöglichen, und dann wird es im Laufe seines Lebens

Schritt für Schritt hingegeben und in sein eigenes Leben entlassen.

Eine zweite Form des Gebens, die wir den ganzen Tag lang üben können, ist Dankbarkeit. Auch das geht mit Nehmen einher, weil Geben und Nehmen immer zusammengehören. Zur Dankbarkeit gehört, dass wir uns etwas zu Herzen nehmen. Wir können nicht wirklich für etwas dankbar sein, das wir uns nicht zu Herzen genommen haben. Darüber habe ich auch im Zusammenhang mit Offenheit, Empfänglichkeit, Achtsamkeit und Lebendigsein gesprochen. Wenn wir abgestumpft alles als selbstverständlich hinnehmen, dann ist das das Gegenteil von Dankbarkeit.

Und jetzt, am Ende des Tages, findet die dritte und größte Form des Gebens statt: die Vergebung. Vergebung steht im Gegensatz zu Übelnehmen. Verglichen mit Inbesitznehmen und Als-selbstverständlich-Hinnehmen ist Übelnehmen die dümmste aller »Nehmensformen«, weil wir hier etwas »nehmen«, was wir gar nicht wollen. Vergeben ist die größte aller Formen von »Geben«. Es fällt uns deshalb so schwer, weil es beinhaltet, dass wir Schuld auf uns nehmen. Nicht im juristischen Sinn – »Vielleicht habe ich es getan«, »Es hätte leicht auch mir passieren können« –, sondern in dem Sinn, dass wir, wenn wir wirklich verzeihen, aus tiefstem Herzen vergeben. Und in unserem tiefsten Herzen sind wir eins mit allem und demnach auch eins mit jedem, dem wir zürnen. Da gibt es niemanden zu tadeln. Wir nehmen Schuld weg durch das Vergeben.

»Vergib uns, wie auch wir vergeben«, bitten wir. Jesus sagt: »Wem ihr die Sünden vergebt, dem sind sie vergeben«. Wenn wir vergeben, vergibt Gott. Tatsächlich hat Gott bereits »vor aller Zeit« vergeben. Wir werden aufgefordert, Gottes Vergebung durch uns in die Welt fließen zu lassen. Die Vergehen sind einfach fort, ausgelöscht. Diese biblische Überlieferung scheint eine andere Vorstellung auszudrücken als das *Gesetz des Karma*, jenes unerbittliche Gesetz, demzufolge wir jeden Fehler wiedergutmachen müssen. Einer tiefergehenden, beispielsweise der buddhistischen Anschauung zufolge, wird Karma so verstanden, dass Mitgefühl unsere wahre Berufung ist und Mitgefühl zu Vergebung führt. Letztlich löst Mitgefühl das Karma auf und befreit uns aus dem Rad der Anhaftungen und des Leidens. Das ist eine wichtige Einsicht, in der die christliche und die buddhistische Tradition übereinstimmen. Nur wird das oft nicht so deutlich erkannt, weder von Buddhisten noch von Christen.

Es stimmt, dass die gesamten Charaktereigenschaften, die wir entwickeln, indem wir auf die jeweiligen Anforderungen des Augenblicks eingehen oder nicht, eine Art karmisches Selbst oder unseren Seelenzustand darstellen. Diese recht unerbittliche Tatsache findet allerdings ein Gegengewicht in der Einsicht, dass jedwedes Karma, das sich angesammelt haben mag, vollständig aufgelöst werden kann durch mitfühlende, von Herzen kommende Vergebung. Auch wenn es in unserer Alltagswirklichkeit noch etwas durchzuarbeiten gibt, dann ist dem doch der Stachel genommen. Es wirkt nicht mehr destruktiv und lebensverneinend. Leiden, das zu Mitgefühl führt, ist schöpferisch und lebensermutigend.

Der Spätnachmittag des Lebens wird oft zu einer Zeit, in der wir zur Versöhnung aufgerufen werden. Wenn wir dem Engel dieser Stunde antworten und alles loslassen, was wir gegen irgendjemanden auf dem Herzen haben, dann wird auch unser Lebensabend hell sein.

WENN DIE SCHATTEN länger werden, erahnen wir bereits das Ende des Tages. Wir nehmen Einschränkungen und Grenzen zur Kenntnis, die unser Leben strukturieren. Die Stunde der Non will uns das richtige Verständnis von Begrenzungen beibringen, damit wir diese nicht als Gefängnis empfinden, sondern sie anerkennen und mit ihnen arbeiten. Und sollten es willkürliche Begrenzungen sein, die ein echtes Wachstum verhindern, dann müssen wir sie überwinden.

Unser Leben ist vielschichtig zusammengesetzt – durch unsere Arbeit oder Familie – doch nur innerhalb von Begrenzungen kann irgendetwas Sinnvolles stattfinden. Wenn uns sämtliche Möglichkeiten jederzeit zu Gebote stünden, wenn es keine Grenzen, keine Einschränkungen, keine Definitionen gäbe, wären wir verloren. Menschen denken oft irrtümlicherweise,

Glück komme durch das Entfernen aller Begrenzungen. Die Lektion der länger werdenden Schatten bedeutet, zu vergeben und innerhalb der naturgegebenen Beschränkungen und Grenzen unseres Lebens voll und ganz zu leben.

Gregorianische Gesänge
SOUNDFILE

Titel | Antiphona ad Magnificat
Nativitas tua
Magnificat
Interpretation | Heinrich Isaac-Ensemble, Karlsruhe
Leitung | Hans-Georg Renner

www.sprachlichter.de/qr/musik-der-stille-07

Vesper
DAS LICHTERANZÜNDEN

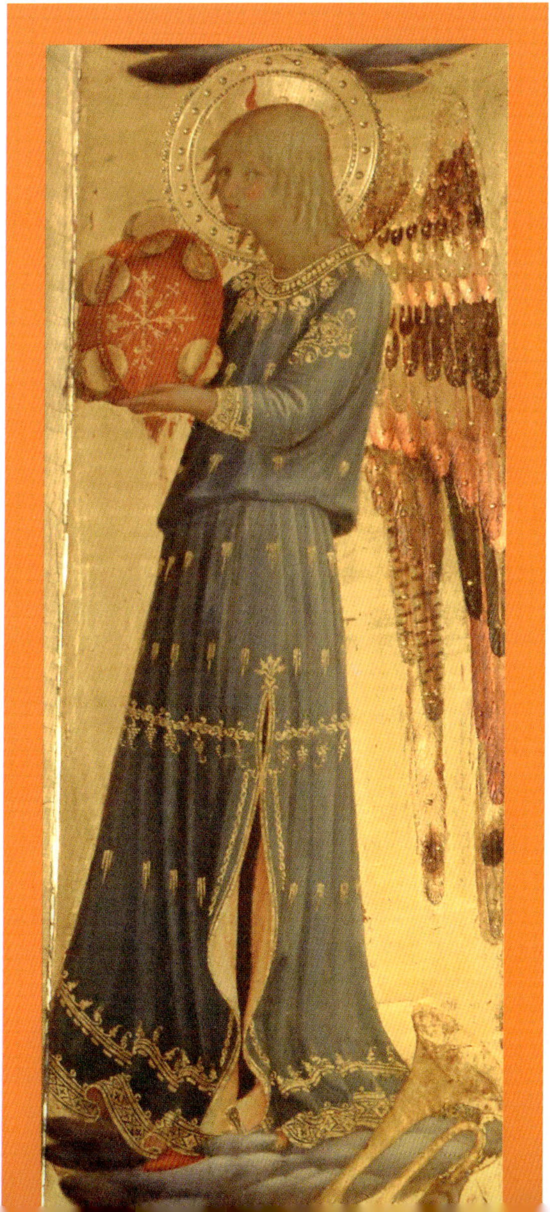

IN DER VESPER zünden wir feierlich die Lichter an, während sich der Abend herabsenkt. Sie bildet das Gegenstück der Laudes, der Hore, in der wir das Aufgehen des Tageslichtes feierten.

Für die Vesper haben wir unser Werkzeug weggelegt, unsere Schürze und unser Arbeitsgewand ausgezogen, uns gewaschen und unsere Mönchskutte wieder angezogen. Jetzt kommen wir frisch gekleidet zur Abendfeier bei Sonnenuntergang, wenn es dunkel wird und im Kloster Lampen und Kerzen angezündet werden. Es ist die Stunde des Herzensfriedens, der Gelassenheit.

Die Zeit gleich nach Sonnenuntergang hat einen eigenen Zauber. Im Abendlicht werden Bäume, Gestalten, Gesichter »im Schattenriss gegen den trüben Himmel sichtbar«, wie T. S. Eliot sagt. Die Welt scheint einen vollkommenen Rahmen zu haben und ist von einer intensiven Schönheit. Manchmal erglühen die Wolken in allen Farbschattierungen des Wassers und des Feuers noch einmal, auch wenn die Sonne bereits untergegangen ist. Auch Gebäude und Berge leuchten auf, und die Sonne spiegelt sich wie geschmolzenes Gold in den Fenstern weit entfernter Häuser. Es ist eine wundervolle Zeit zum Spazieren, was Mönche oft nach dem Abendessen tun, und für den Gang ins Oratorium, um die Vesper zu singen.

Wenn ich an die Vesper denke, kommt mir der Klostergarten in den Sinn. Gewöhnlich ist ein Kloster im

Viereck angelegt und in der Mitte liegt ein Garten. Dort führt oft ein Kreuzgang um eine Rasenfläche mit gepflegten Kräuter- und Blumenbeeten und einem Brunnen in der Mitte. Die Mönche nennen diese Einfriedung mit dem Brunnen wegen ihrer einfachen, ruhigen Vollkommenheit, ihrer lieblichen Düfte, ihrer vielfarbigen Blütenpracht im Sommer und ihrer weißen Schneedecke im Winter »Paradies«. Dass der Garten im Zentrum des Klosters angelegt ist, verdeutlicht, wie zentral die Natur und ihre Rhythmen für das Klosterleben sind. Der Garten lehrt uns täglich, dass das Leben ein Kreislauf aus Keimung, Geburt, Wachstum, Blüte, Frucht, Vergehen, Sterben und neuerlicher Keimung in der Dunkelheit des Winters ist.

Am Abend schwindet das Tageslicht, und die ausgeprägte Stille der Nacht senkt sich herab. Die einzigen Geräusche sind jene der Natur – Grillen und Frösche. Kleine weiße Nachtfalter fliegen aus dem Gras auf, wenn sich der Tau darüberlegt.

DER ENGEL DER VESPER in seinem nachtblauen Gewand hat aufgehört zu spielen und hält gelassen das Tamburin mit dem Abendstern. Das erinnert mich an den letzten der Chöre aus *The Rock* von T. S. Eliot:

»Im Zeitmaß unseres Erdendaseins werden wir des Lichtes müde. Wir sind froh, wenn sich der Tag neigt, das Ende des Theaterspiels sich anzeigt ... es wird uns lang des Tages Müh und Lust.« Die Stunde der Vesper lädt zum Seelenfrieden ein, was die Versöhnung der Widersprüche in und um uns herum bedeutet. In einem wunderschönen Gedicht seines Stunden-Buchs beschreibt Rilke, wie jemand die vielen Widersprüche seines Lebens miteinander versöhnt:

Wer seines Lebens viele Widersinne
versöhnt und dankbar in ein Sinnbild faßt,
der drängt die Lärmenden aus dem Palast,
wird anders festlich, und du bist der Gast,
den er an sanften Abenden empfängt.

Du bist der Zweite seiner Einsamkeit,
die ruh'ge Mitte seinen Monologen;
und jeder Kreis, um dich gezogen,
spannt ihm den Zirkel aus der Zeit.

WIEDER BEKOMMEN WIR in der Zeit etwas, was über die Zeit hinausgeht. In dieser Abendstunde, wenn wir anders festlich gestimmt sind und Gott als unseren Gast empfangen, spannen wir den Zirkel der Zeit über die Zeit hinaus und umfangen das Jetzt. Das ist Gelassenheit, Seelenfrieden, die Fähigkeit, die unvermeidlichen Widersprüche zu umfassen, die vom Tag übrig geblieben sind; das ist die Stimmung der Vesper.

Wenn der Abend kommt – ganz gleich, was sich

tagsüber zugetragen haben mag, durch welchen Sturm und Drang wir auch gegangen sind, welchen Herausforderungen wir nicht gewachsen waren, welche Enttäuschungen wir erlitten haben, und was immer wir jetzt bedauern: Wenn es Abend wird, dann sehnen sich die Menschen auf der ganzen Welt nach einem stillen Ort, wo sie den Tag überdenken und friedlich beenden können. Mit dem Geist der Vergebung der vergangenen Stunde sind wir jetzt frei, den Tag gehen zu lassen und in der stillen Schönheit des Abends aufzugehen.

Die heitere Gelassenheit der Vesper, in der wir alle Widersprüche des Tages zusammenbringen, ist wahrhaft heilsam, denn Heilung beinhaltet im Wesentlichen ein Verknüpfen dessen, was getrennt oder zerbrochen ist.

In der Matthäuspassion von Johann Sebastian Bach kommt die wunderschöne Passage vor: »Am Abend, da es kühle war.« Darin erzählt Bach die verschiedenen biblischen Ereignisse, die sich in der Abendkühle zutrugen. Das war die Stunde, als Gott mit Adam und Eva im Paradiese wandelte. Abend war es, als die Taube mit dem Ölzweig zu Noahs Arche zurückkehrte. Am Abend wurde Jesus wie ein Samen in die Erde gelegt, um in der Auferstehung wiedergeboren zu werden. Bach fängt den trostreichen Geist dieser gesegneten Stunde ein, die auch in den Vespergesängen ihren wunderschönen Ausdruck findet.

Der Höhepunkt der Vesper ist das Singen des Magnifikat, jenes Liedes im Lukas-Evangelium, das Maria zur Begrüßung ihrer Base Elisabeth singt: »Meine Seele preist die Größe des Herrn, und mein Geist jubelt über Gott, meinen Retter.« Dieses Lied, das Gott für unsere Rettung und letztendliche Versöhnung preist, wird jeden Tag das ganze Jahr hindurch zur Vesper gesungen. Der Abendgottesdienst sieht in der mütterlichen Gestalt Mariens die Mütterlichkeit Gottes, der uns bedingungslos liebt wie eine Mutter.

Das Magnifikat zur Vesper entspricht der Hymne des Zacharias, die sich im selben Kapitel bei Lukas findet und in den Laudes gesungen wird. Dort verkündet Zacharias: »Gepriesen sei der Herr . . . Denn er hat sein Volk besucht und ihm Erlösung geschaffen.« Diese beiden großen Hymnen sind die Pfeiler des Morgens und des Abends, die den Tag stützen, und in beiden feiern wir unsere Erlösung. Die Wurzel der Erlösung ist die Heilung des Grabens, der sich durch die Welt zieht, jener Spaltung, die wir als Entfremdung uns selbst und anderen gegenüber erleben und die uns von unserem Wesenskern fernhält; wir empfinden die Gesänge intuitiv als Gegenmittel.

Schon das Anhören des Gregorianischen Gesangs wirkt versöhnlich. Auch andere Musik kann uns besänftigen und uns verwandeln. Diese Gesänge aber, die Klang gewordenes Gebet sind, wirken mit einer ganz besonderen Kraft auf uns. Wir sind nie frei von Konflikten oder Widersprüchen, aber gemeinsames Beten und Singen heilt und versöhnt.

Wenn wir tagein, tagaus in den acht Gebetszeiten in der Gemeinschaft singen, dann sinkt die rhythmische Ruhe der Gesänge tief in unsere Seele. Wir tragen sie dann in uns, wohin wir auch gehen. Diese Stille ist unsere innere Klausur. Und es mag wohl sein, dass diejenigen, die ein Einsiedlerleben in der Abgeschiedenheit wählen, das nur tun können, weil sie vorher jahrelang in Gemeinschaft gebetet und gesungen haben. Sogar wer diese Gesänge zu Hause hört, wird ihren mönchischen Geist tief in sich aufnehmen und ihre heilige Ruhe zu einer wesentlichen Dimension seines Innenlebens machen können.

DER GEIST DER VESPER lässt sich aktiv in unser Alltagsleben übertragen, wenn wir so viele Lichter wie nur möglich in dieser dunklen Welt anzünden, ganz nach dem Motto der Paulistenbewegung: »Es ist besser, ein Lichtlein anzuzünden, als die Finsternis zu verfluchen.« Und welche Kerzen können wir anzünden? Ein Lächeln, ein freundliches Wort, einen Besuch?

Unsere heutige Gesellschaft legt Wert darauf, dass jeder allein sein Leben meistert und mit den Schwierigkeiten fertig wird. Aber dieser Individualismus hat oft auch Einsamkeit und Verzweiflung zur Folge.

Zugleich wünschen sich Menschen nichts sehnlicher als anerkannt, gesehen und geschätzt zu werden.

Wir mögen vorgeben, dass wir niemanden brauchen, der uns beachtet und für uns sorgt. Sobald aber jemand uns mit dem Licht fürsorglicher Aufmerksamkeit anstrahlt, schmilzt unsere stoische Fassade.

Wir rücken näher zusammen, wenn es dunkel wird. Die Stunde der Vesper ist ein Aufruf zur Nachbarlichkeit. Diese dunkle Stunde der Weltgeschichte lädt uns ein, unsere Nachbarn näher kennenzulernen und mit ihnen gemeinsam zu arbeiten und zu feiern. Wenn das Gemeinschaftsbewusstsein, das den Gregorianischen Gesang prägt, zu einem stärkeren Füreinandersorgen führt, dann kann das ein großes Geschenk der Mönche an die Welt sein.

Gregorianische Gesänge
SOUNDFILE

Titel | Kyrie – Paternoster – Oratio
Interpretation | Heinrich Isaac-Ensemble, Karlsruhe
Leitung | Hans-Georg Renner

www.sprachlichter.de/qr/musik-der-stille-08

Komplet

DER KREIS SCHLIESST SICH

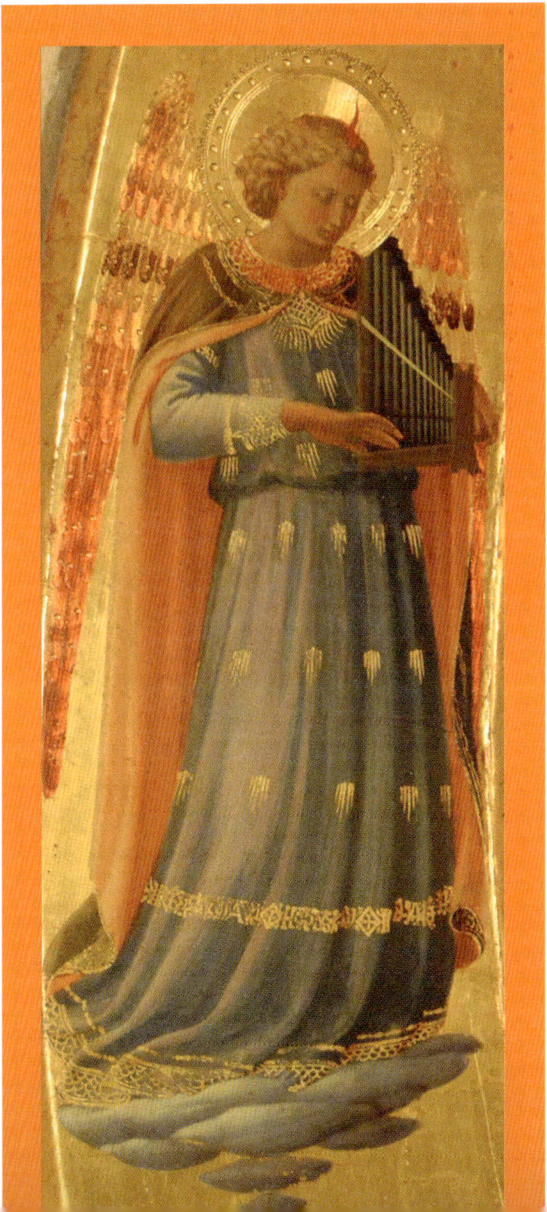

DIE KOMPLET IST DER ABSCHLUSS des klösterlichen Tages. Wenn wir in die Fülle der Nacht eintreten, kehren wir vom Gesang in die Stille zurück, in den dunklen Boden, in dem die Blume des Gesanges wurzelt. Mit der Komplet beschließen wir den Tag, und wir beginnen mit dem Eingeständnis unserer Verfehlungen vor der ganzen Gemeinschaft. Wir erforschen unser Gewissen und bitten um Vergebung, und damit schaffen wir einen klaren Übergang zur Nacht und zum Schlaf.

Komplet heißt Vollendung. Es ist die Stunde, die den Kreis des Tages schließt. Die Gesänge des Tages sind eigentlich mit der Vesper beendet, aber die Mönche haben die Komplet als Nachtgebet hinzugefügt, um einen richtigen Abschluss für die Stunden des Tages zu haben. Ursprünglich wurde die Komplet gar nicht im Oratorium gebetet, sondern vor dem Zubettgehen im Kloster selbst, im Wohnbereich der Mönche. In der Komplet wird der alte Brauch des Abendgebets vor dem Zubettgehen zu einer gemeinschaftlichen Erfahrung.

Die Komplet wird oft zu den »kleinen Stunden« gezählt, aber sie ist doch etwas Eigenständiges. Sie folgt mehr oder weniger dem Aufbau der »kleinen Stunden«, ist aber tatsächlich der Abschluss des gesamten klösterlichen Tages. Sie beginnt mit dem Gebet: »Eine ruhige Nacht und ein gutes Ende gewähre uns.« Die Komplet verbindet das Ende des Tages mit dem Ende des Lebens. Sie verstärkt die Idee, dass der Rhythmus unserer Tage eine Parallele zum Rhythmus unseres Lebens darstellt und dass die Art und Weise, wie wir täglich jede Stunde leben, dafür bestimmend ist, wie unser Leben aussieht.

Dann kommt die Ermahnung: »Seid wachsam.« Wir werden gewarnt, dass jetzt die Nachtwache beginnt und alles, was uns ängstigt, wie ein Löwe im Hinterhalt auf uns lauert. Die Komplet blickt der furchterregenden Seite der Nacht direkt ins Gesicht. Wir haben Schwierigkeiten, uns die Angst vor der Nacht vorzustellen, unter der Menschen früherer Jahrhunderte litten. Wir machen heute einfach Licht und die Dunkelheit ist weg. Aber wir wissen, wie Kinder unwillkürlich Angst vor der Dunkelheit haben, und manchmal überkommt auch uns die Angst, von der Schwärze verschluckt zu werden, wenn etwa der Strom ausfällt oder uns die Dunkelheit bei einer Wanderung in einer unwegsamen Gegend überrascht. Im Wesentlichen ist unsere Furcht vor der Dunkelheit die Furcht vor dem Unbekannten. Und so, wie wir die äußere Dunkelheit fürchten, fürchten wir auch die Dunkelheit in den verborgenen Winkeln unserer Seele.

In der Komplet begegnen wir dieser inneren Dunkelheit, indem wir unser Gewissen erforschen und uns fragen: »Was ist heute schiefgelaufen? Wo habe ich mich einer Herausforderung nicht gestellt?« Gewöhnlich merken wir dann, dass etwas schiefläuft, weil wir uns in eine Antwort oder Aktivität verwickeln, ohne zuvor innegehalten, geschaut und mit bewusster Klarheit vorangegangen zu sein. Manchmal – aber das habe ich sehr selten erlebt – haben wir innegehalten und geschaut, sind aber trotzdem nicht gegangen. Was geschehen sollte, ist nie geschehen, weil wir zu träge zum Handeln waren. Wir erforschen also unser Gewissen in unserem Tagesrückblick und bitten Gott, die Heiligen und einander um Vergebung und beschließen, es morgen besser zu machen. Damit ist der Tag beendet, und wir treten nun bewusst ein in die Nacht.

Die Hymne der Komplet mit ihrer bewegten Melodie bringt sowohl die Furcht zum Ausdruck, die zunimmt, während das Licht vergeht, als auch den gleichermaßen zunehmenden Glauben, der die Angst besiegt.

Bevor des Tages Licht vergeht
o Herr der Welt, hör' dies Gebet:
Behüte uns in dieser Nacht
durch deine große Güt' und Macht

Wenn uns die schwarze Nacht umhüllt,
sind wir von Traum und Wahn bedrängt...
Dreiein'ge Macht, die alles lenkt,
behüte uns in dieser Nacht.

Die Furcht ist der Maßstab des Glaubens. Furcht an sich ist nichts, solange ihr der Glaube um eine Nasenlänge voraus ist. Je größer die Furcht, desto herrlicher der Mut des Glaubens, der sie überwindet. Jeden Abend zur Komplet erinnern wir uns mit den Worten des Psalmisten an das feste Fundament, auf dem unser Glaube ruht, an die vertraute Nähe Gottes, der spricht:

»Weil er an mir hängt, will ich ihn retten; ich bin bei ihm in der Not.« Diese Vertrautheit wird durch das dreimal wiederholte »mein« zu Beginn desselben Psalms betont:

»Ich kann zum Herrn sagen: Du meine Burg, meine Zuflucht! Mein Gott, auf den ich vertraue!«

FÜR DIE KOMPLET ist der Psalm bezeichnend, in dem wir uns in die Geborgenheit der schützenden Liebe Gottes begeben. Wie Wanderer, die von der Dunkelheit überrascht werden und irgendwo unter Bäumen oder in einer Höhle Schutz suchen, so begeben wir uns unter die »Flügel des Höchsten«. Jesus beschreibt Gott wie eine Glucke, die ihre Küken unter ihre Fittiche nimmt.

Wenn in den Hymnen und Gebeten vom Schutz vor dem Teufel die Rede ist, der in der Nacht uneingeschränkt zu herrschen scheint, so verstehen wir den Bösen als Verkörperung aller negativen Botschaften, die wir vielleicht empfangen, wenn wir allein im Dunkeln sind. Ebenso wie die Engel Boten des Lichts sind,

sind Teufel jene Boten der Finsternis, die unsere Fantasie mit Ängsten, erschreckenden Bildern und negativen Gedanken füllen. Wir denken dann etwa: »Niemand mag mich.« Oder: »Ich werde es nie zu etwas bringen.« Solche dunklen Gedanken steigen in der Nacht auf, und in der Komplet suchen wir die Kraft, um sie abzuwehren. Wir singen den Psalm, in dem es heißt: »Denn er befiehlt seinen Engeln, dich zu behüten auf all deinen Wegen ... dass nicht an einem Stein sich stoße dein Fuß.«

Die Nacht ist in einem gewissen Sinne selbst ein Engel und ein Bote, der Gottes Schutz bringt. Der Schlaf ist ein großes Geschenk, aber wir würdigen dieses Geschenk meist erst dann, wenn wir nicht einschlafen können oder die ganze Nacht aufbleiben müssen. Die Nacht ist gleichsam Bedrohung und Gnade: Bedrohung, weil wir, wenn es dunkelt, am Rande des Chaos stehen; die ordentliche kleine Welt, die wir uns tagsüber geschaffen haben, droht ins Chaos zurückzugleiten. Aber sie ist auch Gnade, weil der Schutz, die göttliche Nähe, an die wir uns in den Gesängen und Gebeten den Tag über gerichtet haben, uns nicht verlassen wird.

In Rilkes Stunden-Buch heißt es in einem Gedicht von geheimnisvoller Schönheit: »Ich komme aus meinen Schwingen heim, mit denen ich mich verlor.« Die Aktivität hat mich verschluckt, ich war besessen von Bewegung und Tun, und jetzt trete ich hinaus aus meinen Schwingen, um still zu sein:

Ich war Gesang, und Gott, der Reim,
rauscht noch in meinem Ohr.
Ich werde wieder still und schlicht,
und meine Stimme steht;
es senkte sich mein Angesicht
zu besserem Gebet.

Er nennt dieses Gebet der Stille »ein besseres Gebet«, zumindest besser für diese Stunde. Die Komplet ist die Stunde, in der wir die Rückkehr der Gesänge, der Worte in die Stille feiern, aus der sie kommen.

Es ist inzwischen Brauch geworden, dass der Abt ganz zum Schluss der Komplet die ganze Gemeinschaft segnet, indem er sie mit Weihwasser, einer Art Abendtau, besprengt. Dann gehen die Mönche hintereinander für eine letzte Hymne an Maria in die Marienkapelle. Je nach Jahreszeit wechselt diese Hymne. Meistens ist es das Salve Regina; manchmal sind es wunderschöne Wechselgesänge, beispielsweise das Regina Coeli oder Alma Redemptoris Mater, beides wahre Kleinode unter den Gesängen.

Dieser Brauch hat mich immer daran erinnert, wie Mütter ihre Kinder, wenn der Tag vorbei ist, ins Bett bringen und sie sorgsam zudecken. Ich muss lächeln, wenn ich daran denke, wie die Mönche alle am Ende des Tages zu ihrer Mutter singen, sich der Anima ihrer Psyche öffnen und sich der unendlichen Dunkelheit als dem Mütterlichen anvertrauen. Deshalb ist die Marienkapelle der Teil des Klosters, den ich unauslöschlich mit der Komplet verbinde; hier kehren wir in unseren spirituellen Schoß zurück, um am Morgen wiedergeboren zu werden.

DER ENGEL DER KOMPLET trägt ein ziemlich dunkles Gewand, seine Augen mit den schweren Lidern sind geschlossen, das Gesicht ist geneigt und die Hände gleiten leicht über eine kleine Orgel. Oder ist diese Geste eher eine sanfte Weigerung der Hand zu spielen? Das ist der Engel und die Stunde unseres friedlichen Übergangs in die dunkle Stille des Schlafs.

DIE TUGEND DER KOMPLET ist der Glaube. Er ist das Urvertrauen, mit dem wir uns für die Nacht Gottes Schutz anvertrauen. Genauso wie Kinder bei ihren Eltern Trost suchen, wenn sie Angst vor nächtlichen Fantasiegebilden haben, appellieren wir in der Komplet an unseren Glauben, damit er uns in unseren Ängsten – den wirklichen und eingebildeten – Mut verleihe.

Die Komplet ermutigt uns, mit den Augen des Vertrauens zu sehen, dass das Weltall in der Tat wie fürsorgliches Zuhause für uns bereitet ist. Wir haben ein Recht, uns hier in diesem Universum zu Hause zu fühlen. Es wurde wundervoll erschaffen, um menschliches Leben gastlich aufzunehmen. Das zentrale biblische Thema vom Reich Gottes ist ein Archetyp für die Welt, wie Gott sie erdachte: ein Ort, an dem wir daheim sind und uns als Mitschöpfer betätigen. Wenn wir uns diesem grundlegenden Zugehörigkeitsgefühl zum Universum anvertrauen, geht alles gut, und wenn uns das Schlimmste zustößt, können wir sogar darin einen Sinn sehen.

Wenn wir jedoch dieses Vertrauen nicht haben und unserer Ängstlichkeit nachgeben, dann ist das Schlimmste bereits geschehen. Dann machen wir uns zu existenziellen Waisen in einer fremden Welt. Letztlich haben wir die Wahl, im Urvertrauen zu leben und das Universum als das Zuhause anzusehen, das Gott für uns geschaffen hat, oder in Angst und Misstrauen zu leben. Wir müssen uns entscheiden. Das ist die wichtigste Entscheidung, die wir jeden Tag, den wir verleben, zu treffen haben. Wenn wir vertrauen, sind wir in Frieden; wenn nicht, werden wir es nie sein.

Eines jeden Herz stellt der Nacht diese Frage: Bin ich sicher und geliebt? Wir können einander Sicherheit und Liebe vermitteln. Wir müssen sie jedem, vor allem unseren Kindern, vermitteln. Wenn wir aufwachsen, ohne dass irgendjemand uns diese Sicherheit vermittelt, dann ist es schwierig, überhaupt je in dieser Welt heimisch zu werden. Jeder kennt solche unglücklichen Menschen, die nie Sicherheit und Liebe erfahren haben. Wenn uns niemand hilft, das Universum als unser göttliches Zuhause zu erfahren, dann sind wir alle, um die eindrucksvolle Wendung Robert Heinleins zu gebrauchen, »Fremde in einem fremden Land«.

Die Komplet ruft uns dazu auf, der Einmaligkeit eines jeden Menschen bedingungslos zu vertrauen. Persönliche Einzigartigkeit gedeiht in einer Atmosphäre, in der man sich in der Welt sicher und heimisch fühlt. Zu viele befürchten, nicht so akzeptiert zu werden, wie sie sind. Eine der ständig wiederholten, erstaunlichen Ermahnungen von Thomas Merton an die Klostergemeinschaften war diese: »Lasst der Eigenart Raum.« Wir sollten andere nicht unter der Bedingung annehmen, dass sie sich fügen. Das ist keinesfalls eine kreative Art, eine Gemeinschaft aufzubauen, die Erfolg verspricht. Merton wusste, dass es in einer Gemeinschaft nichts Schöpferisches gibt, wenn Anpassung zu einer Bedingung für die Zugehörigkeit wird. Das Kriterium für die Zugehörigkeit muss die Hingabe an ein gemeinsames Ziel sein, an ein Ideal, das alle teilen. Um dieses Ziel zu erreichen, müssen wir einander helfen, unser bestes Selbst zu leben.

Wenn wir die Höhen des Glaubens erklimmen wollen, zu denen die Komplet uns aufruft, müssen wir unsere Ängste geradewegs anschauen und sie auf die einfache, aber direkte Frage zurückführen: »Was eigentlich macht mir Angst?« Wenn wir uns diese Frage stellen, geben wir unseren Ängsten Gestalt und begrenzen sie, und das nimmt ihnen die Macht. Albträume üben nur so lange Macht über uns aus, wie sie undefiniert bleiben.

Wenn wir uns auf die Nacht vorbereiten und darauf, einzuschlafen und uns auf das Reich der Träume einzulassen, beten wir um gute Träume: aufbauende und belehrende Träume. Der Schlaf ist ein Schatzhaus voller Reichtümer. Wir sollten es richtig vorbereitet betreten. Alles hängt davon ab, wie wir einschlafen.

Die Komplet bereitet uns darauf vor, uns den Stunden des Schlafes in tiefem Vertrauen und mit freudiger Erwartung zu nähern. Wir vertrauen uns der Macht an, als wäre sie ein Meer, aus dessen Tiefe es allerlei Wundervolles herauszufischen gibt. Wir bemühen uns, unser Herz dem Segen der Ruhe und dem Versprechen der Träume zu öffnen, vielleicht meditieren wir auch kurz über etwas Schönes, von dem wir gerne träumen würden, und legen ein Notizbuch bereit, um beim Aufwachen die Überraschungen aufzuschreiben, die unsere Fantasie im Traum hervorgebracht hat.

Wer Kinder hat, kann den Geist der Komplet zu Hause pflegen, indem er sich am Ende des Tages etwas Zeit für sie nimmt und diese Zeit zu etwas Besonderem macht. Verwöhne deine Kinder mit einer schönen Geschichte, singe mit ihnen, segne sie, bete mit ihnen. Geleite sie aus der Angst vor der Nacht, die bei kleinen Kindern so verbreitet ist, zu einem Vertrauen in die Nacht als einer Zeit, in der wir mit dem liebevollen Geheimnis verschmelzen, in das wir alle eingebettet sind.

Dieser sanfte, bewusste Abschluss des Tages beschließt den Kreis der Stunden.

Gregorianische Gesänge
SOUNDFILE

Titel | Salve Regina
Interpretation | Heinrich Isaac-Ensemble, Karlsruhe
Leitung | Hans-Georg Renner

www.sprachlichter.de/qr/musik-der-stille-09

Das große Schweigen
DIE MATRIX DER ZEIT

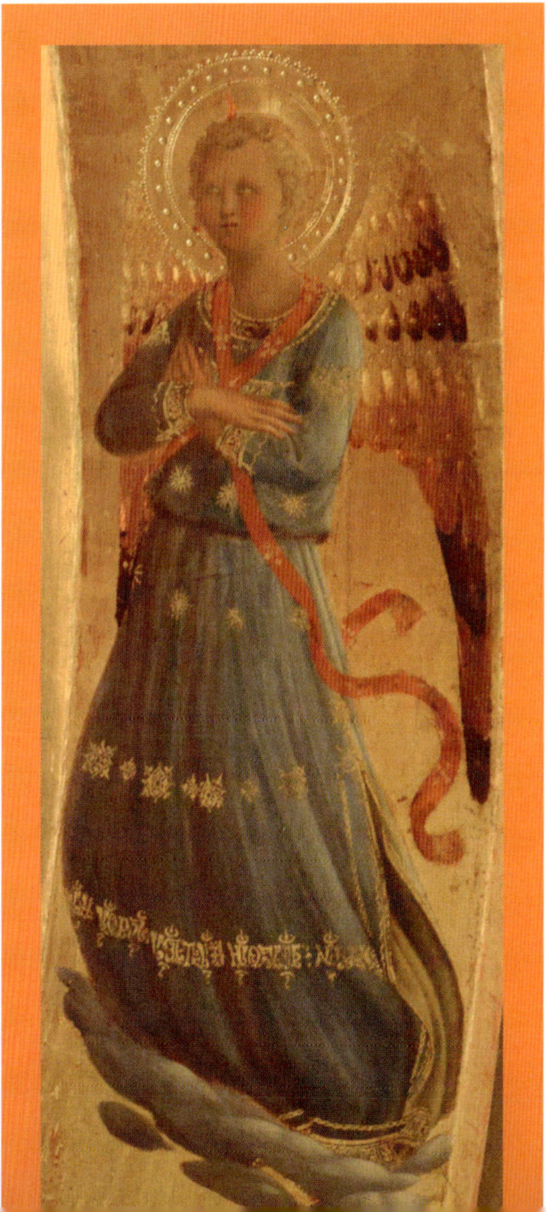

WIR HABEN NUN ALLE mönchischen Tageszeiten durchlaufen, den Kreis geschlossen und sind im großen Schweigen angelangt, der Brücke der Stille zwischen Komplet und Vigil, die erneut den Kreislauf der Stunden eröffnet.

Musik ist nicht nur eine rhythmische Anordnung von Noten, sondern sie bezieht ihr Leben aus der Matrix der Stille, aus der sie kommt und in die sie unvermeidlich zurückfließt. Gerade die Stille zwischen den Noten verleiht ihnen Bedeutung und Anmut. Das große Schweigen ist die stille Ruhe, bevor der Tag seine wiederkehrende Melodie der Stunden singt.

Wenn der Klang dieser Gesänge manchmal ganz abrupt aufhört, hallt eine hörbare Stille im Raum nach, besonders unter den hohen Bögen des Oratoriums, wo sie gesungen werden. Diese Stille ist nicht einfach die Abwesenheit eines Klangs, sondern eine geheimnisvolle unsichtbare Macht, das unermessliche Nichts, das unser Ursprung und unser Zuhause ist. Wenn wir sorgfältig hinhören, entdecken wir, dass die Gesänge uns letzten Endes zu jener Stille hinführen, die unser Wesensgrund ist.

T. S. Eliot sagte: »Worte, nachdem sie gesprochen, reichen in das Schweigen hinein.« Das trifft auch auf die Musik zu.

Der Kern der mönchischen Botschaft, die sich im Gregorianischen Gesang äußert, ist die außerordentliche Bedeutung der Zeit und wie wichtig es ist, wie wir mit ihr umgehen – wie wir den gegenwärtigen Augenblick, das, was gerade jetzt vor uns liegt, nutzen und darauf antworten.

Die Botschaft der Stunden lädt uns ein, täglich nach dem wirklichen Tagesrhythmus zu leben. Aufmerksam, bewusst und absichtsvoll zu leben, unser Leben von innen heraus zu lenken und uns nicht von den Forderungen der Uhr oder äußeren Terminen oder von bloßen Reaktionen auf irgendwelche Geschehnisse fortreißen zu lassen. Wenn wir dem wirklichen Rhythmus zufolge leben, werden wir selbst wirklicher. Wir lernen, auf die Musik dieses Augenblicks zu lauschen, lernen, ihr süßes Flehen und ihre nüchternen Anweisungen zu hören. Wir lernen, im Herzen ein wenig zu tanzen, unsere inneren Pforten einen Spalt weiter zu öffnen und auf die Musik der Stille, den göttlichen Herzschlag des Universums, zu horchen.

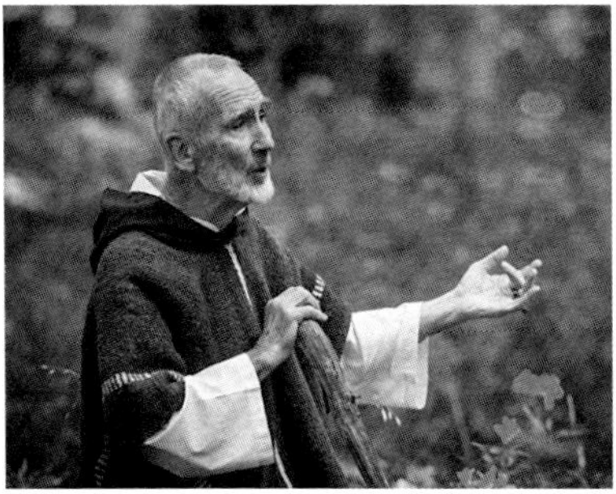

Über den Autor

David Steindl-Rast gehört zu den bekanntesten Mystikern unserer Gegenwart. Er wurde 1926 in Wien geboren und studierte an der Akademie der Bildenden Künste und an der Universität Wien. Nach seiner Promotion in Psychologie und Anthropologie übersiedelte er in die USA, wo er seit 1953 dem Benediktinerkloster Mount Saviour im Staat New York angehört. Er war Mitbegründer des »Center for Spiritual Studies« und ist seit 1966 als »Brückenbauer zwischen den Religionen« im interreligiösen Dialog engagiert. Seine Schriften haben weltweit Millionen Menschen dazu inspiriert, sich einer Lebenshaltung der Dankbarkeit zuzuwenden. 2012 entstand im deutschsprachigen Raum das Netzwerk www.dankbar-leben.org. 2022 wurde

David Steindl-Rast für sein Lebenswerk der Theologische Preis der Salzburger Hochschulwochen verliehen.

Die Online-Bibliothek

Eine große Auswahl deutschsprachiger Veröffentlichungen von und über Bruder David ist in der Online-Bibliothek unter www.bibliothek-david-steindl-rast.ch zu finden.

Gregorianische Gesänge
SOUNDFILES

www.sprachlichter.de/qr/musik-der-stille

Der QR-Code sowie der Link führen zu Gesängen aus der jahrhundertealten Tradition des Stundengebets der Mönche. Es sind Gesänge nach Zisterzienser Singweise zur feierlichen ersten Vesper für das Fest Maria Geburt – dargeboten vom Heinrich Isaac-Ensemble von der Musikhochschule Karlsruhe unter Leitung von Hans-Georg Renner.

Aufbau und Inhalt des Buches sind jedoch von dieser Verlinkung zu den Gesängen völlig unabhängig.

Das Musikbeispiel, die Gesänge zur ersten Vesper für das Fest Maria Geburt nach Zisterzienser-Singweise, ist typisch für die Reformbewegung der benediktinischen Tradition, die auf das Jahr 1098 zurückgeht. Das Leben und die Kunst dieser Mönche sind von schlichten und einfachen Formen geprägt, auch die Gesänge entsprechen in ihrer Klarheit und formalen Strenge diesem Ideal.

Die ausgewählten Musikstücke, ausdrucksvoll und zeitlos schön, entstammen der Colmarer Choralhandschrift aus dem 13. Jahrhundert.

1. Incipit: Antiphona I *Sancta Maria, succurre miseris*
   Psalmus 109 *Dixit Dominus*
2. Antiphona II *Haec est Regina virginum*
   Psalmus 112 *Laudate pueri*
3. Antiphona III *Beata Dei Genitrix*
   Psalmus 121 *Laetus sum*
4. Antiphona IV *Virgo prudentissima*
   Psalmus 126 *Nisi Dominus*
5. Capitulum (Eccl. 24)
   Responsorium *Beata progenies*
6. Hymnus *Ave maris stella*
   Versiculum *Nativitas est hodie*
7. Antiphona ad Magnificat *Nativitas tua*
   Magnificat
8. Kyrie – Paternoster – Oratio
9. Salve Regina